THÉORIE ET CAS PRATIQUES (1)

SOMMAIRE

11. ENVIRONNEMENT

Les consommateurs que nous sommes sont au centre d'un environnement dont les composantes politiques, économiques, socioculturelles (modes de vie), technologiques (innovations), écologiques (respect de l'environnement, développement durable) et légales (lois, directives européennes) sont en constante évolution. Si le cadre évolue, certains éléments sont toutefois constants et définis ci-dessous.

111. GÉNÉRALITÉS

L'entreprise (les banques, l'État ou les ménages seront définis plus loin) est au centre des activités commerciales, elle est définie comme étant un ensemble d'éléments en interaction permanente, organisé et ouvert sur un environnement qu'elle doit gérer et auquel elle doit s'adapter. Elle participe ainsi au fonctionnement de **l'économie**, science qui étudie l'allocation optimale de ressources, finies par définition, pour satisfaire des besoins, potentiellement infinis. Autour de ces deux entité, **l'État**, joue un rôle régulateur en édictant des loi et règlements qui permettent un développement, le plus cohérent possible, des activités sociales. Ces activités sociales sont le fruits des **ménages** (en même temps consommateur et capacité de production), ensemble de personnes partageant le même logement et participant à la gestion de son économie.

La gestion est l'acte de gérer. Gérer signifie ici acquérir, produire et distribuer les biens et les services nécessaires à la couverture des besoins selon le principe économique (allocation optimale des ressources). Le schéma suivant résume très simplement le fonctionnement général de l'économie présentée plus haut: la production et la consommation en sont le moteur, les besoins, le carburant.

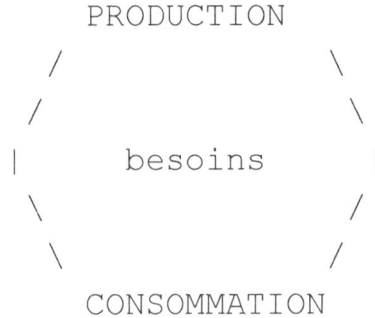

BESOINS: FONDEMENT DE L'ACTIVITÉ ÉCONOMIQUE

Les ressources naturelles, dans la majeur partie, ne peuvent être consommées telles quelles. Nous partirons donc de l'hypothèse qu'une entreprise assure la transformation d'une ressource pour répondre de manière durable à un besoin.

Caractéristiques des besoins

On caractérisera les besoins selon qu'ils sont indispensables ou non: **vitaux**, tels la nourriture ou les habits, indispensables pour vivre en société ou **psychologique**, crées artificiellement, pas vraiment indispensables pour survivre, mais qui revêt un caractère social (téléphone, activités de loisirs, etc.)

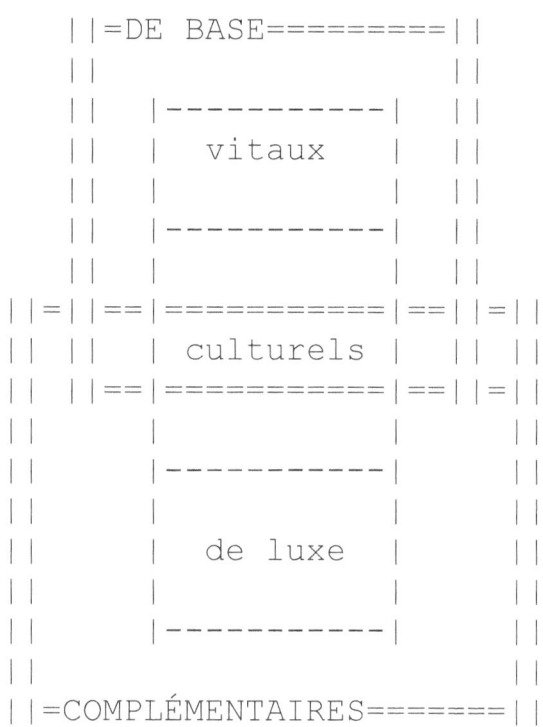

Manger est un besoin vital, se nourrir également; en revanche, rouler en Mercedes ou porter un Rolex est un besoin de luxe. Entre les deux, des besoins comme se tenir informer, lire les journaux sont considéré comme des besoins de base, alors qu'aller au théâtre ou dans un musée est souvent considéré comme complémentaire.

Pyramide des besoins

Basée sur des théories de la motivation élaborée à partir des observations réalisées dans les années 1940 par le psychologue Abraham **Maslow**, la pyramide Maslow hiérarchise les besoins en cinq niveaux décroisant: i) Accomplissement de soi; ii) Estime (confiance et respect de soi, reconnaissance et appréciation des autres); iii) Appartenance et amour (affection des autres); iv) Sécurité (environnement stable et prévisible, sans anxiété ni crise); v) Physiologiques (faim, soif, sexualité, respiration, sommeil, élimination).

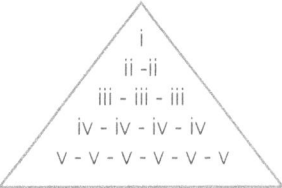

Facteurs de production

On entend par facteurs de production tous les moyens matériels et immatériels (physiques et non physiques) qui contribuent à la mise à disposition de biens et services. Ces derniers peuvent être disponible en quantité illimitée (comme l'air respiré), et donc **libre** (gratuit), ou obtenu par un travail de transformation des ressources naturelles à l'aide d'un certain savoir, et donc **économique** (payant).

Nous établirons une seconde hypothèse qui fonde l'économie: chaque étape de fabrication et de commercialisation, augmente la valeur des produits (son prix étant l'addition de la valeur ajoutée par chaque intermédiaire). Ce qui est possible grâce à trois ressources:

- **Naturelles**, matière première ou dans le secteur tertiaire, l'information
- **Humaines** (travail, main d'œuvre, matières grise)
- **Financières**, capital nécessaire à l'investissement et au démarrage

À noter que le capital financier (fonds monétaires à disposition de l'entreprise) n'est pas un facteur de production. Il n'est que le moyen d'acquérir ou de rémunérer les facteurs de production.

CLASSIFICATION DES BIENS ET SERVICES

Pour répondre à ses besoins, l'entreprise produira des biens et services qui y répondent. Il existe deux grandes catégories de biens et service, soit ceux liés à la **consommation**, qui satisfait directement à un besoin, comme le pain ou un lecteur de musique et ceux de **production**, utilisé pour produire d'autres biens et services, comme un marteau, de l'engrais, etc.

Ces catégories pouvant à leur tours être divisées entre les biens et services:

- **Complémentaires** (batterie et élément portable)
- **Substituables** qui peut remplacer un autre bien ou service (vélo, voiture privé, taxis, transports publique)

On peut compléter le 1er schéma sur l'économie, en y apportant quelques précisions.

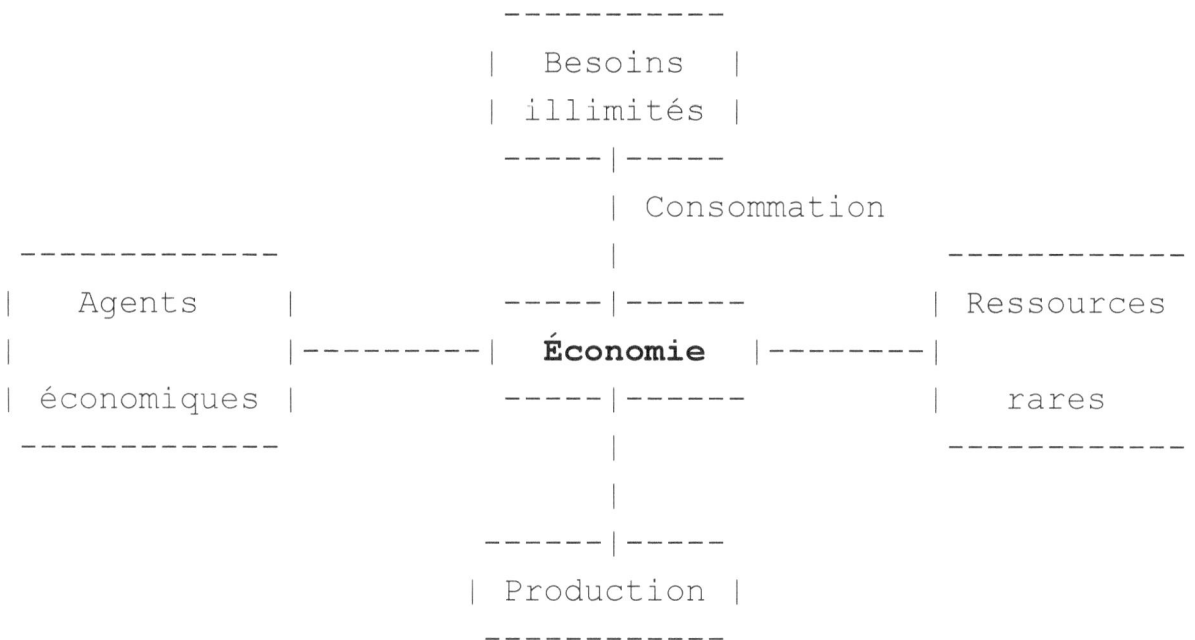

Dans la pratique, on répartira très souvent les biens produits par les entreprises en domaine: agricole, industriel, commercial, service ou en sous-domaine (voir également le chapitre sur la classification des entreprises):

Agricole

1. exploitation agricole
2. agroalimentaire (production)
3. énergie
4. matières premières (extraction)

Industrie et construction

5. bâtiment
6. constructions mécaniques
7. électronique
8. industries chimiques
9. métallurgique
10. textile

Commercial

11. distribution
12. informatique
13. loisirs et tourisme
14. transports

Service

15. assurance
16. bancaire et financier
17. communication et médias
18. formation
19. santé
20. social et services publiques
21. recherche

112. CIRCUIT ET ACTEURS ÉCONOMIQUE

ACTEURS

Les acteurs ou agents économiques sont regroupés en plusieurs catégories. La re-présentation la plus simple est celle de la relation ménages-entreprise:

```
          rémunération des facteurs de production
     |- salaires -- intérêts -- licence -- loyers -|
     |                                             |
     |              facteurs de production          |
     | |-travail --- capital --- savoir --- sol -| |
     | |                                         | |
     ENTREPRISES/BANQUES                    MENAGES
     | |                                         | |
     | |---------- biens & services------------| |
     |                                             |
     |----- rémunération des biens & services -----|
```

Ces acteurs ont des rôles multiples. Une **entreprise** tentera de:
• Produire des biens et services qui seront consommés par les ménages
• Créer des places de travail et verser des salaires
• Payer des impôts pour financer l'Etat
• Créer de la valeur ajoutée (et donc s'enrichir)

L'entreprise joue donc une rôle économique (production de biens et services) et social (création d'emplois pour les ménages)

Aux entreprises sont associées les banques dont le rôle essentiel est de recevoir l'épargne des ménages et prêtent cet argent. Les entreprises peuvent donc utiliser cet argent afin d'investir dans de nouveaux facteurs de production et permettre à l'éco-nomie de se développer.

Les **ménages** tiennent, eux aussi, des rôles variés :
• Consommateurs de biens et services fournis par les entreprises

- Travailleurs, il gagnent un salaire pour financer leur consommation de biens et services
- Epargnants, ils mettent de l'argent de côté, ce qui permet aux banques de prêter aux entreprises afin qu'elles puissent investir et se développer
- Contribuables, ils paient des impôts

Le rôle de **l'État** consiste à :
- Etablir les lois qui régissent le pays et assurer qu'elles soient respectées
- Assurer le fonctionnement harmonieux de l'économie en intervenant quand il convient de le faire
- Garantir certaines tâches qui ne sont pas rentables, nécessaires au bon fonctionnement de la société. Par exemple, l'éclairage public
- Récolter des impôts afin de pouvoir faire face aux différentes charges

De plus, l'Etat est également employeur et verse donc des salaires

État, que nous pouvons rajouter au schéma précédent avec un nouvel acteur lié aux importations et exportations, appelé "**reste du monde**"; ce schéma devient alors:

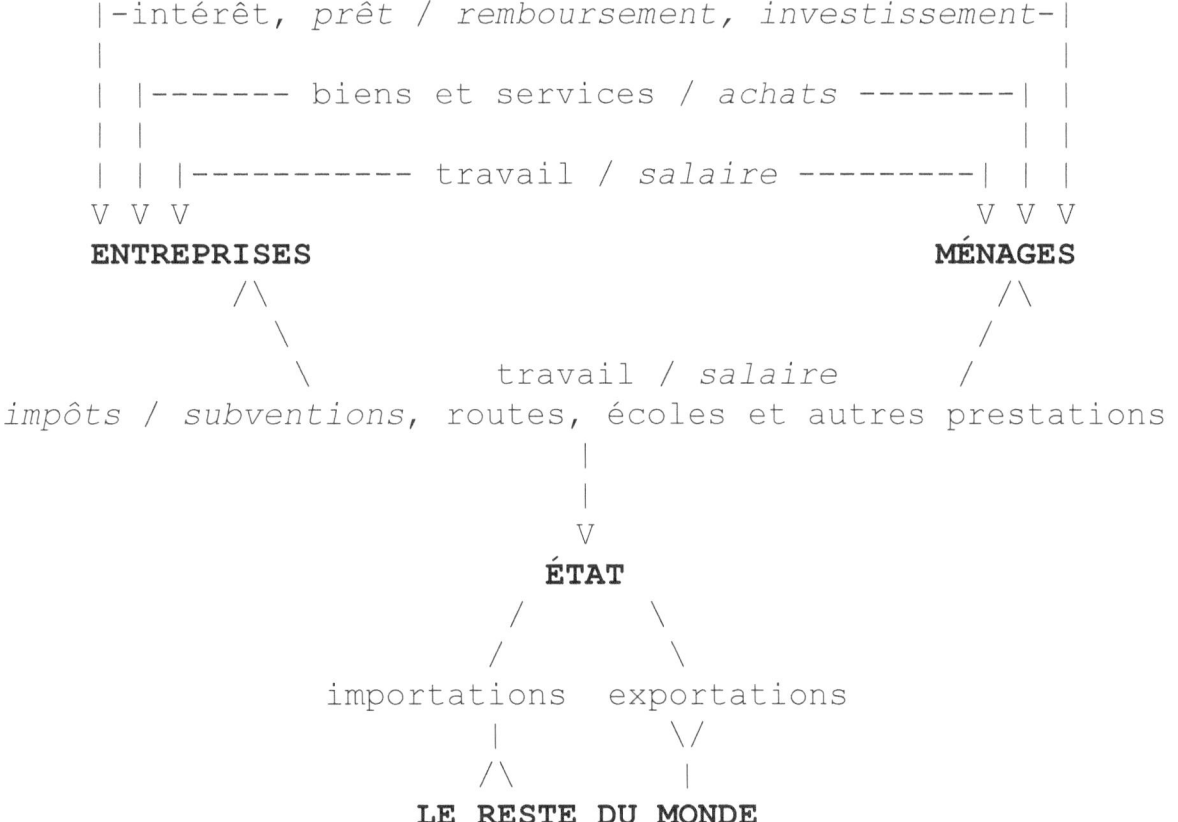

ENVIRONNEMENT MACRO ET MICROÉCONOMIQUE

En microéconomie, l'on s'intéresse aux comportements des ménages et des l'entreprise, dans leurs décisions, prises individuellement; on considère que toute personne cherche à maximiser son utilité et que cette maximisation se fait avec des moyens limités. En macroéconomie, on modélisera les effets de ces décisions, à l'échelle d'un pays au travers de relations entre des indicateurs agrégés, tels que le revenu moyen, l'investissement, la consommation, le taux de chômage, la croissance, etc.; dimensions sur lesquels une entreprise n'a pas ou que très peut d'influence.

```
|-ENVIRONNEMENT MACROÉCONOMIQUE--------------|
|                                            |
|   État      Économie    Ressources  Culture |
|                                            |
|   |-ENVIRONNEMENT MICROÉCONOMIQUE--------|  |
|   |             Ménages                  |  |
|   |        Clients          Distribution |  |
|   |                                      |  |
|   |           ENTREPRISES                |  |
|   |                                      |  |
|   |     Investisseurs    Concurrents     |  |
|   |--------------------------------------|  |
|                                            |
|   Technologique    Écologique     Légal    |
|                                            |
|--------------------------------------------|
```

L'étude de l'environnement macroéconomique donnera des indications précieuses sur[1]:

- Le rôle de l'**État**, sa stabilité, le degré d'interventionnisme des pouvoirs publics, etc.
- L'évolution **économique**, la structure de la population, son pouvoir d'achat, le taux de chômage, etc.
- Le cadre **social**, les traditions, valeurs, croyances des individus composant la société en question.
- L'évolution des **technologies**, des recherches, des ressources disponibles

---

[1] Ces informations seront souvent trouvées par le biais de revues spécialisées ou à l'aide d'Internet, en particulier le "Fact Book" de la Central Intelligence Agency (http://ecol2.com/u/ciafb) ou les statistiques de l'OCDE (http://ecol2.com/u/ocdestat).

• Le cadre **légal** et réglementation, notamment en ce qui concerne la protection de l'environnement, les énergies ou toute dimension susceptible d'impacter la progression des affaires.

Au niveau de l'environnement microéconomique, l'étude se réalisera plutôt sur la base de connaissances internes à l'entreprise. Elle permettra de répondre aux questions suivante:

• Combien de **clients** avons nous? Quel type de ménage pourrions-nous avoir comme clients? Quelles sont les fréquences et lieux d'achat? Quelles sont leurs motivations, leurs freins lors de l'achat ?

• Qui sont mes **concurrents**? Leur part de marché? Leur santé financière? Leur capacité à innover ou à réagir?

• Comment fonctionnent les circuits de **distribution** (fournisseurs et revendeurs)? Quels sont les politiques d'achats de ventes? Fonctionnent de la logistiques?

La compréhension de cette environnement doit permettre à l'entreprise de s'organiser; Nous verrons dans le chapitre suivant comment optimiser l'organisation de ses activités et acquérir les ressources nécessaire à son développement.

113. ORGANISATION ET PLANIFICATION

Nous avons vu que pour fonctionner, une entreprise doit gérer de nombreux éléments; qui, mis en commun, favorisent son développement. Afin que ce développement soit compris par le plus grand nombre, nous commencerons par classifier les activités qui constituent le coeur des activités .

CLASSIFICATION DES ENTREPRISES

Juridique

Il convient ici de distinguer les **sociétés de personnes** (responsabilité entière des associés) c'est le cas des sociétés simples (CO 530ss), sociétés en nom collectif SNC (CO 552ss), société en commandite simple SC (CO 594ss); les **sociétés de capitaux** qui possède la personnalité juridique, comme sociétés à responsabilité limitée Sàrl (CO 772ss) ou les société anomymes SA (CO 620ss); et enfin les **sociétés mixtes** notamment les sociétés coopératives (CO 828ss). Pour plus d'informations à ce sujet, on se référera au portail PME du site de la Confédération (http://ecol2.com/u/classju).

Classification par taille

Hormis la classification économique, les comparaisons viseront également des entreprises de taille comparables. En Suisse, on distingue les:

• Très petite entreprises (TPE), de moins de 10 employés

• Petites entreprises, de moins de 50 employés

• Entreprises de taille moyenne, comptant entre 50 et 250 employés

• Grandes entreprises, ayant plus de 250 employés

Les petites et moyennes entreprises forment le tissu des PME, dont on entend souvent parler et qui représentent environ 2/3 des emplois.

Classification par objectif

Une autre forme de classement différencie les entreprises:

• Privée, à but lucratif, comme l'Union des Banques Suisses (UBS) ou la Société Privée de Gérance (SPG)

• Privée, à but non lucratif, comme Médecin du monde ou l'Association NiceFuture

• De service publique, comme les Chemins de Fer Fédéraux (CFF) ou les communes

• Mixtes, comme la Poste

Classification par secteur

Il existe trois secteurs économiques principaux, classés selon la nature de ses activités, soit le secteur :

- **Primaire**, qui concerne la collecte et l'exploitation de ressources naturelles, il comprend l'agriculture, la pêche, l'exploitation forestière et l'exploitation minière.
- **Secondaire**, qui implique les industries de transformation des matières premières, issues du secteur primaire, il comprend des activités aussi variées que l'industrie du bois, l'aéronautique et l'électronique, le raffinage du pétrole, etc.
- **Tertiaire**, qui regroupe les industries du service essentiellement immatériel, comme le conseil, l'assurance, la formation, la recherche, les administrations, les services aux personnes, sécurité, nettoyage, etc.

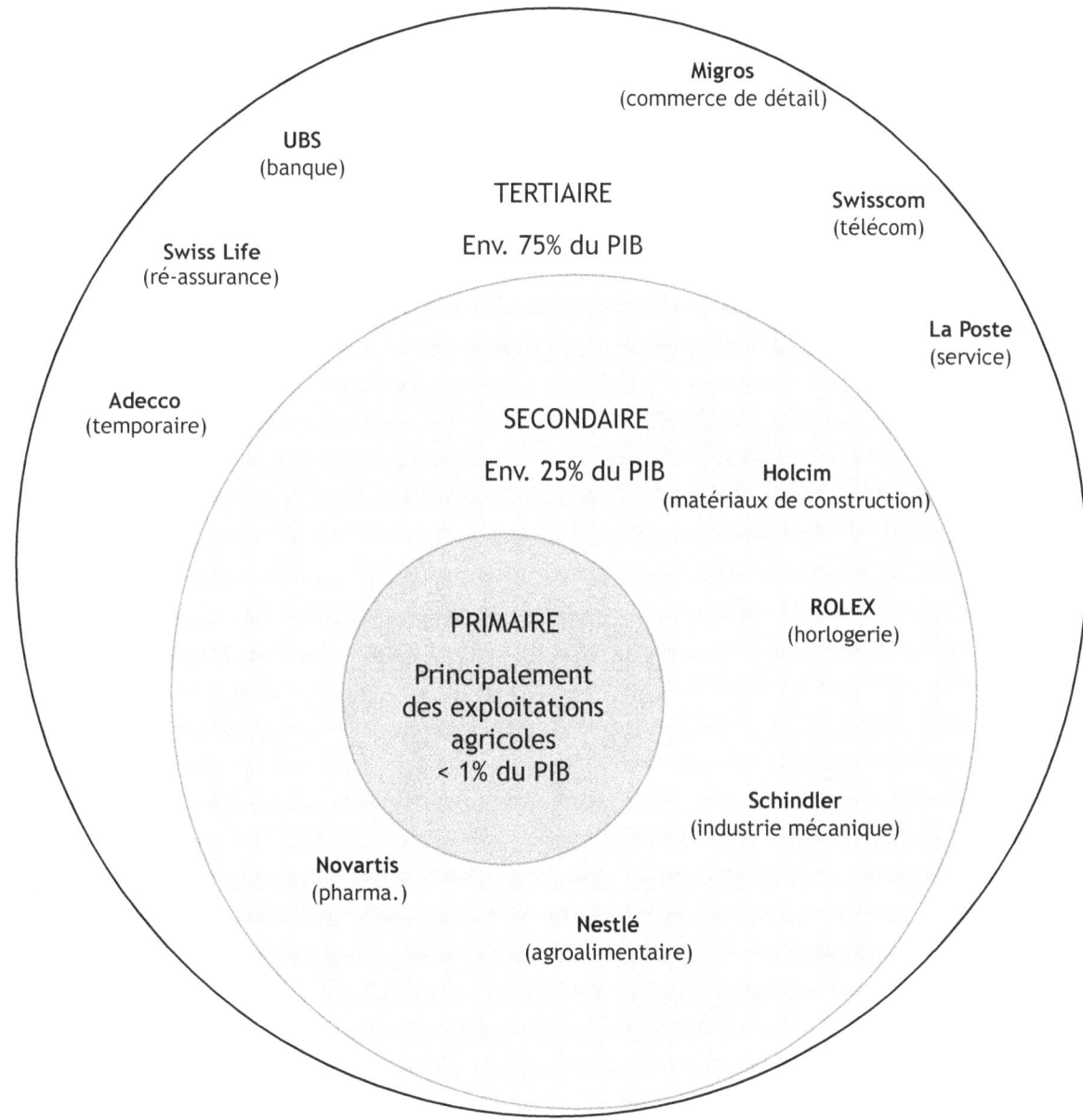

GOUVERNANCE DES ENTREPRISES

L'organisation d'une entreprise diffère selon la structure légale mais aussi selon des aspects du quotidien comme:

- Avoir la bonne personne au bon poste
- Anticiper et traiter les problèmes rencontrés de la manière la plus adaptée possible
- Éviter les éventuelles pertes de productivité, qui auraient un impact sur la rentabilité de l'entreprise et le bien-être des employés

L'organisation doit ainsi formaliser la division du travail en tâches distinctes et assurer la coordination entre ces tâches. C'est aussi le reflet d'une certaine culture d'entreprise.

Acteurs : actionnaires, dirigeants, salariés

Les actionnaires

Ils détiennent chacun une partie du capital de la société. Ils ont pour rôle d'apporter les fonds nécessaires au développement de l'entreprise, de choisir les membres de la direction, notamment le directeur général (DG) et d'analyser les proposition faites par la direction. Ils perçoivent parfois des dividendes et peuvent influer de manière importante sur les décisions prises par le conseil d'administration.

Le conseil d'administration (board of directors)

Il est l'organe de surveillance et d'organisation d'une entreprise. L'art. 716 du code des obligations fixe les tâches qui lui incombent, notamment l'organisation de la société, le contrôle et la planification financière, la préparation de l'assemblée générale des actionnaires et de la bonne application de ses décisions.

La direction

Elle est composée de personnes en charge de la gestion des affaires courantes de l'entreprise et de la mise en place de la stratégie d'entreprise validée par les actionnaires. Sa rémunération est, en général, formée d'un salaire, ainsi que d'une forme d'intéressement, souvent sous la forme de "stock options" ou de bonus plus ou moins indexés sur la performance.

Les salariés

Composés i) des cadres, chargés de la conduite des opérations et l'encadrement des ressources humaines; ii) des employés, chargés de l'exécution des processus commerciaux et de production. Ils perçoivent un salaire fixe ou variable en échange de leur travail fourni au sein de l'entreprise.

Structure

Il s'agit pour une entreprise de s'organiser de manière optimale, de sorte que ses missions soient réalisées de la meilleur manière possible. Quasiment toutes les entreprises s'organisent autour des fonctions suivantes :

Recherche et développement

Cette unité explore les évolutions possibles des produit. Elle veille à ce que l'innovation soit intégrée aux produits futurs en créant des prototypes.

Production, opération

Une fois les produits et/ou sévices imaginé et testés, il est indispensable de les produire ou en sous-traité la fabrication ainsi que la livraison.

Marketing, vente

En amont et en aval de la production, la mission des services marketing est de trouver les clients, ceux qui, afin de combler un besoin, accepteront d'acheter un bien ou service proposé par l'entreprise. L'entreprise procédera à des études stratégiques et des actions de promotions de manière à stimuler les attentes du marché.

Administration, finances

Quotidiennement, c'est une multitude d'actes, plus ou moins directement liés à la clientèle et souvent peu visibles, qui permettent d'assurer un fonctionnement harmonieux de l'entreprise : accueil, réponse téléphonique, publication des comptes et déclaration TVA, facturation, traitement du courrier en sont quelques exemples.

Gestion des ressources humaines

Souvent relié aux tâches administratives, les ressources humaines sont, avec les clients, les biens le plus précieux de l'entreprise. Le dirigeant conscient de "l'investissement" qu'il réalise en embauchant une personne, délègue souvent une partie des processus (entretien d'embauche, rédaction des contrats, développement des compétences notamment) à un service spécialisé, interne ou externe.

Planification stratégique

De la responsabilité de la direction, cette fonction comprend aussi la "gouvernance", le pilotage de l'entreprise. Une bonne planification permet d'anticiper ce qui se passera (selon toute vraisemblance) dans le futur et de lancer à temps les actions pour répondre aux défis qui se profilent.

Organigramme et ordinogramme

Une organisation ou un processus sont souvent décrit par des schémas. Différentes formes peuvent se présenter: nous en verrons les deux plus courantes: l'ordinogramme (représentant l'enchaînement logique des opérations d'un programme) et l'organigramme (représentant les fonctions et leur organisation au sein de l'entreprise). Ce dernier représente les acteurs de l'entreprise sont forme de rectangles et des traits de liaisons de la manière suivante:

Organigramme fonctionnel

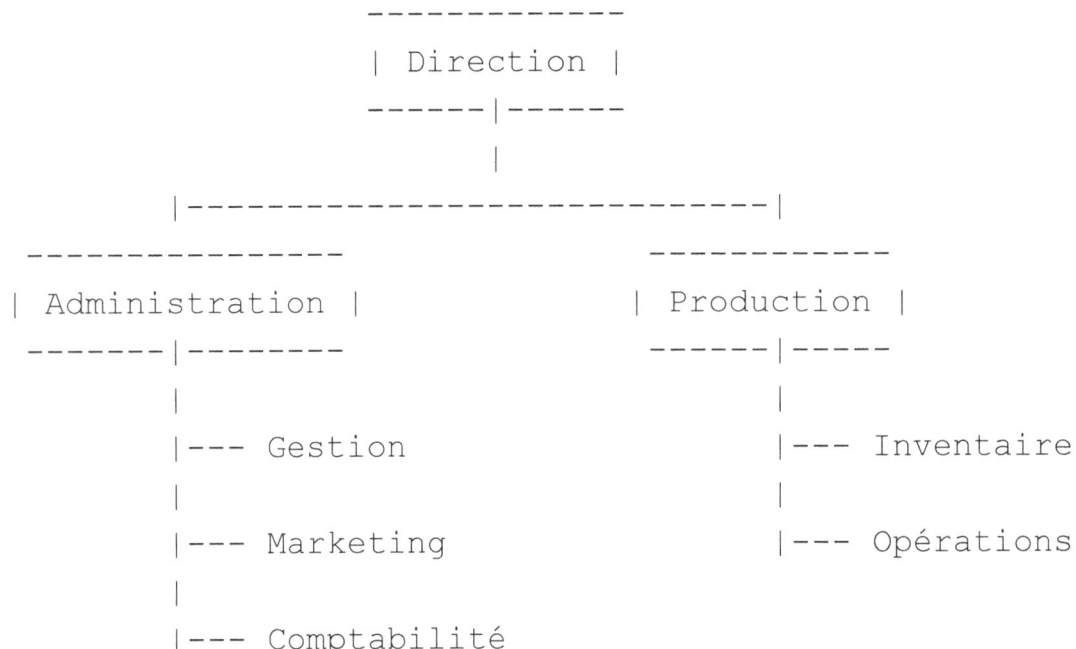

Organigramme matriciel

```
 _____
| Direction |-------------|----------------|------------|
 --|--------               |                |            |
   |                 ------|-------    -----|----    ----|----
   |                |Administration|  |Production|  |Marketing|
   |                 ------|-------    -----|----    ----|----
   |                      |                |            |
   |   _____      |-------|        |-------|     |-------|
|-| Produit A |---|xxxxxxx|--------|xxxxxxx|-----|xxxxxxx|
|   ----------     |xxxxxxx|        |xxxxxxx|     |xxxxxxx|
|                  |xxxxxxx|        |xxxxxxx|     |xxxxxxx|
|   ----------     |xxxxxxx|        |xxxxxxx|     |xxxxxxx|
|-| Produit B |---|xxxxxxx|--------|xxxxxxx|-----|xxxxxxx|
|   ----------     |-------|        |-------|     |-------|
```

Les ordinogrammes sont souvent utilisés pour décrire les processus métiers (se rapporter à la modélisation des processus).

114. LES PROCESSUS CLÉS

Un processus est définit comme étant un enchaînement de différentes activités, dans le but de créer une valeur. On peut distinguer, les processus: i) opérationnels (processus de production, de la conception, en passant par l'achat, la production, le contrôle, l'acheminement, puis de la vente); ii) de support; iii) de décision, gestion ou management. Nous commencerons par les processus opérationnels.

PROCESSUS OPÉRATIONNELS OU DE PRODUCTION

Appelé aussi "workflow", ces processus présentent les tâches à accomplir, les décisions à prendre et les différents acteurs impliqués dans la réalisation d'un processus opérationnel.

Exemple de processus opérationnel: traitement d'un courrier

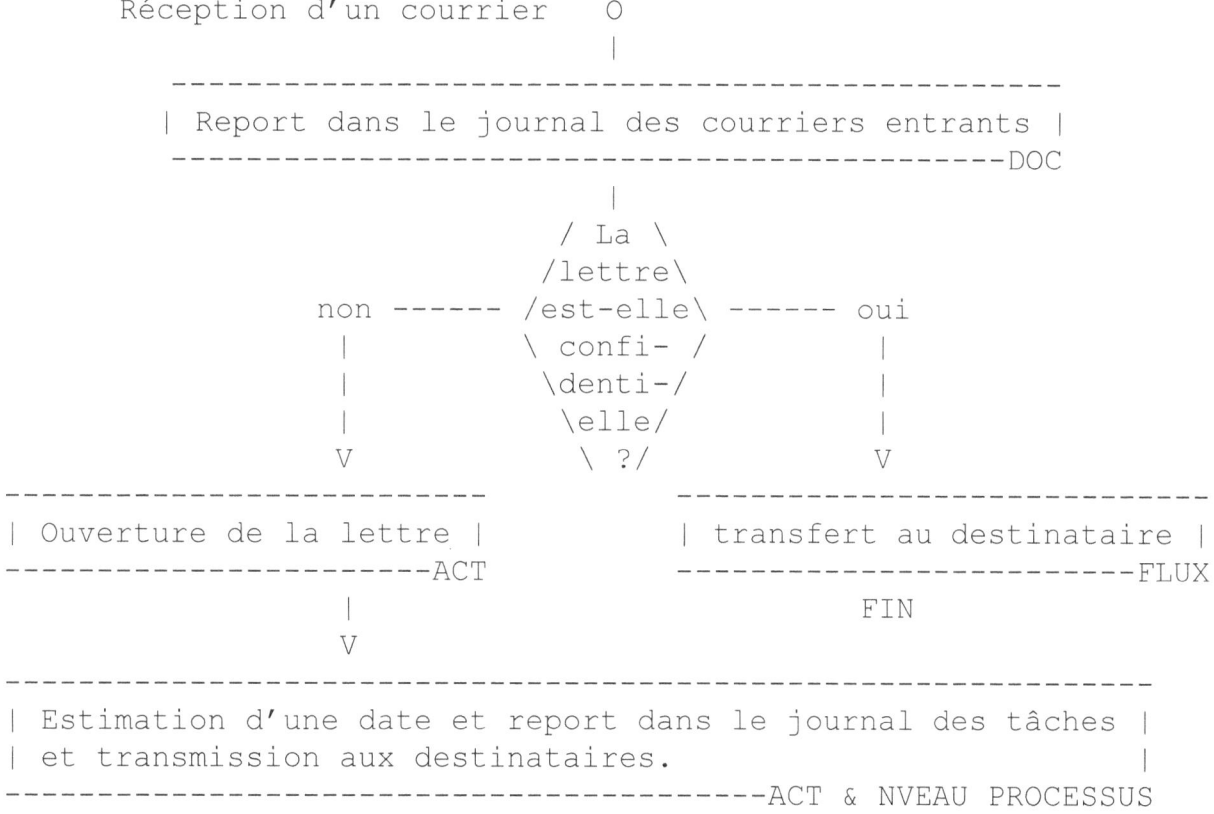

```
        Réception d'un courrier    O
                                   |
        ---------------------------------------------------
        | Report dans le journal des courriers entrants |
        ------------------------------------------------DOC
                          |
                        / La \
                        /lettre\
          non ------ /est-elle\ ------ oui
           |         \ confi- /          |
           |          \denti-/           |
           |           \elle/            |
           V            \ ?/             V
  -----------------------            ---------------------------
  | Ouverture de la lettre |         | transfert au destinataire |
  ----------------------ACT          ------------------------FLUX
           |                                    FIN
           V
  -------------------------------------------------------
  | Estimation d'une date et report dans le journal des tâches |
  | et transmission aux destinataires.                    |
  --------------------------------------------ACT & NVEAU PROCESSUS
```

Les acteurs sont soit des personnes, des systèmes, services ou processus tiers. La description des processus fournit, à chacun, les informations nécessaires pour la réalisation de sa tâche. Habituellement représenté, soit par un calendrier ou tableau de tâches (en vue de produire un résultat), soit par un schéma (description du processus). Il démarre et se termine par un cercle, et est composé de rectangles et triangles; les premiers étant des tâches ou processus, les seconds des décisions.

PROCESSUS DE DÉCISION

Pour prendre une décision on fait souvent appel aux processus de résolution de problème qui devrait comporter au moins 5 étapes:

1. Définir le problème, à savoir, identifier une tension entre ce qui existe et ce qui devrait exister (les objectifs)
2. Analyser les solutions au problème (on répertorie différentes solutions possibles afin d'évaluer ensuite chacune d'entre elles)
3. Choix multi-critère d'une solution, évaluée en fonction des objectifs fixés
4. Planification des différentes actions et mise en œuvre de la solution retenue
5. Formation des parties prenantes et partage des impacts

Deux techniques sont ici souvent utilisées pour arriver à la meilleure solution possible:

- **SWOT** (strengths, weaknesses, opportunities, threats) ou AFOM (atouts, faiblesses, opportunités, menaces) qui combine l'étude des forces et des faiblesses d'une organisation, d'un territoire, d'un secteur, etc. avec celle des opportunités et des menaces de son environnement.

```
              | Positif       | Négatif
----------|---------------|-----------
Interne    | Forces        | Faiblesses
----------|---------------|-----------
Externe    | Opportunités  | Menaces
----------|---------------|-----------
```

- **Analyse d'écart** ou GAP, cette technique permet d'analyser la différence entre l'existant (ou l'historique) et ceux souhaités, puis d'éventuellement y remédier; souvent plus ciblée qu'un SWOT, cette analyse est plutôt orientée processus internes.

Pour être vraiment efficaces, ces analyses doivent être suivies d'un agenda d'actions SMART, de processus de mise en oeuvre clair et d'une lise de résultats attendus comparée aux coûts engendrés. Si la valeur de ce qui est produit est supérieure à la valeur de ce qui est consommé, l'entreprise ou le projet présentera un bénéfice ou profit. Dans le cas inverse, on parlera d'une d'un déficit ou d'une perte.

12. PATRIMOINE DE L'ENTREPRISE

LA COMPTABILITÉ: PRÉSENTATION

Le Code des Obligations art. 957ss sur le Droit comptable (http://ecol2.com/u/drtcompta) donne le cadre à la tenue d'une comptabilité en Suisse. La comptabilité a pour but d'enregistrer les flux (réels ou monétaires) concernant l'entreprise, afin de pouvoir déterminer à tout moment sa situation, en particulier au niveau financier. L'objectif de l'entreprise est, en effet, de produire des biens afin de les revendre. Ces informations sont indispensables à la bonne gestion d'une entreprise. De plus, d'autres agents économiques sont intéressées par la comptabilité : les créanciers, les propriétaires d'une entreprise ne participant pas à la gestion, l'administration fiscale (les impôts), les employés ou plus généralement, pour les sociétés cotées, le grand public.

La situation de l'entreprise est présentée sous forme d'un tableau ou d'une liste divisée en deux parties nommé documents comptables. Ces documents sont dressés au moins une fois par année en général le 31 décembre (défini alors comme la fin d'un exercice comptable), après avoir procédé aux travaux d'inventaires

Inventaire

Au démarrage d'une activité, il est nécessaire de faire le compte de ce que l'on possède; cette activité s'appèle l'inventaire. Dans une entreprise, il est également utile de faire des inventaires en fin de chaque exercice comptable (période pendant laquelle l'entreprise exerce une activité). Ces inventaires permettent "d'ajuster" le bilan à la valeur de ses actifs (les biens qu'elle possède), comme nous le verrons un peu plus loin.

Exemple d'inventaire

Nous possédons les biens suivants : scooter pour 2'500.- ; argent sur compte bancaire 565.- ; argent dans le portemonnaie 35.-

Documents comptables: bilan et compte de résultat (perte et profit)

Hormis l'inventaire, deux documents comptables permettent de traiter les données essentielles de l'entreprise : le bilan et les comptes de résultat

Le bilan permet de déterminer la situation de l'entreprise à un moment donné (son patrimoine). L'on présente dans ce document la manière dont l'entreprise a été financée (provenance des fonds) ainsi que la manière dont les fonds ont été employés (utilisation des fonds). La provenance des fonds correspondant au Passif et l'utilisation des fonds à l'Actif.

Exemple d'actifs

Argent en cash 35.-; argent sur compte bancaire 565.-; Véhicule 2'500.-

Exemple de passifs

Fonds propre 2'350.-; emprunt à un ami de 750.-

Nous constatons qu'à la fin d'un exercice (après clôture), le bilan est "équilibré". En effet, la provenance l'utilisation de fonds étant par définition égale aux montants à disposition de l'entreprise (provenance des fonds). Nous aborderons dans le chapitre suivant le compte de résultat qui fait ressortir un profit (ou bénéfice) ou une perte liée au fonctionnement de l'entreprise.

La production de ces documents est un obligation légale des entreprises, établie par le code de obligation (CO), art. 957ss, notamment pour les personnes morales et les entreprises individuelles ou sociétés de personnes qui ont réalisé un chiffre d'affaires supérieur à 500'000 lors du dernier exercice. Les livres et les pièces comptables doivent être conservés pendant dix ans. Etablis en anglais ou dans une langue nationale, la structure de ces document est abordée au chapitre suivant.

Structure des comptes (généralités)

Un compte comprend deux colonnes. Par convention, on appelle la colonne de gauche le débit et la colonne de droite le crédit. Le solde à nouveau (sàn ou solde initial Si) représente la position initiale du compte au début de l'exercice.

D+	CAISSE	C-	D-	EMPRUNT	C+
Si	35.-				750.- Si

121. LE BILAN, PHOTOGRAPHIE DE LA SITUATION

Le bilan représente la situation patrimoniale d'une entreprise à un moment donné. Il s'agit d'une vision statique de l'entreprise. Par définition, la colonne de gauche du bilan s'appelle l'ACTIF et on y inscrit ce que possède l'entreprise; la colonne de droite du bilan s'appelle le PASSIF et on y inscrit d'où vient l'argent à disposition de l'entreprise.

ACTIFS	BILAN EN CHF AU 1ER JANVIER 20__	PASSIFS
CE QUE POSSEDE L'ENTREPRISE	CE DOIT L'ENTREPRISE	
Total des actifs _____	**Total des passifs** _____	

Les actifs sont classés selon qu'ils sont circulants ou immobilisés.

Le passif comprend les dettes (fonds étrangers) et les capitaux propres de l'entreprise. Les dettes peuvent être à court terme ou à long terme.

Le bilan doit être ordonné. Les actifs circulants sont classés selon leur degré de liquidité et les fonds étrangers sont selon leur degré d'échéance ou exigibilité. La fortune ou le découvert indique la différence entre les actifs et les dettes. Enfin les numéros des comptes nous renseignent sur leur provenance : entre 1000 et 1999 il s'agit de compte actif et entre 2000 et 2999 de compte passif. Les comptes actifs circulants s'arrêtent à 1399 et dès 1400 commencent les comptes actifs immobilisés.

LES COMPTES (PRÉCISIONS)

Dans la pratique, il serait très lourd de dresser un nouveau bilan à chaque fois que la situation de l'entreprise change. C'est la raison pour laquelle, on note ces changements non pas directement dans le bilan mais dans des comptes. Ces comptes nous donneront ensuite les informations nécessaires pour dresser un bilan.

Le solde initial d'un compte d'actif est porté au débit. Toute augmentation est portée au débit du compte (+), toute diminution au crédit du compte (-). En revanche, la position initiale d'un compte passif est porté au crédit. Toute augmentation de ce type de compte est portée au crédit (+), toute diminution portée au débit du compte (-).

Le solde pour balance (spb) ou solde final (Sf) se place du côté de la plus petite somme des éléments de chaque colonne. Ce représentera le solde à nouveau (sàn) ou solde initial (Si) de l'exercice suivant. Cette opération s'appelle la clôture du compte.

Chaque compte est enregistré dans le Grand-Livre (General Ledger), qui se présente de la manière suivante (extrait), ici avec un retrait de 300.- au bancomat (voir chapitre suivant pour plus de détails sur le fonctionnement des comptes du GL).

D+	1000 CAISSE	C-	D-	2000 EMPRUNT	C+
Si	1'000.- |	1'300.- Sf		| 500.-	Si
1)	300.- |			|	
	|			//	
	|			|	
	1'300.- |	**1'300.-**		|	

D+	1020 BANQUE	C-	D-	2800 CAPITAL	C+
Si	1'000.- |	300.- (1		| 1'500.-	Si
	|	700.- Sf		|	
	|			//	
	|			|	
	1'000.- |	**1'000.-**		|	

Enfin, pour qu'un bilan soit clair, lisible et inter-comparable, on ne peut pas noter en vrac tout ce que l'entreprise possède, ni d'où proviennent ses fonds.

Pour faciliter les regroupements et pour décider une fois pour toutes des noms des comptes, les entreprises établissent un "plan comptable". Il s'agit d'une liste de différents types d'actif, regroupés par catégorie, et qui répertorie tous les comptes que l'entreprise utilise ainsi que leurs définitions. Nous pouvons désormais améliorer la qualité de l'information présentée, en indiquant uniquement les comptes du plan comptable, défini de manière univoque (voir volume 0, éléments de référence).

Par exemple

5 billets de 200.- / 2 billets de 100.- / 2 billets de 50.- / 4 billets de 20.- / 5 billets de 10.- / 14 pièces de 5.- seront regroupés dans le compte Caisse pour une valeur de 1'500.- De la même manière, 1 écran d'ordinateur d'une valeur de 300.- / 1 clavier d'ordinateur d'une valeur de 50.- / 1 souris d'une valeur de 50.- / 1 ordinateur à 600.- seront regroupés dans le compte Informatique pour une valeur totale de 1'000.-

ORDONNER UN BILAN

Pour que le bilan soit lisible et comparable, il est utile, voire nécessaire de faire figurer les comptes dans un ordre bien précis. On regroupe des comptes similaires sous des titres appelé rubriques du bilan. Ces rubriques sont les suivantes:

Actifs circulants : Représentent les actifs qui ne vont pas rester durablement dans l'entreprise et utilisable qu'une seule fois

Actifs immobilisés : Représentent les actifs qui vont rester durablement dans l'entreprise et que l'on peut réutiliser

Fonds étrangers : Ces dettes à court et long terme représentent les fonds prêtés par des entités extérieures à l'entreprise

Fonds propres : Représentent les fonds appartenant à l'entreprise et apportés pour sa création ou sa croissance

ACTIFS	BILAN EN CHF AU 31 DÉCEMBRE 20__		PASSIFS
Actifs circulants		**Fonds étrangers / dettes à court terme**	
Caisse	3'500.-	Fournisseur	2'000.-
Poste	4'500.-	Autres dettes	5'000.-
Créances clients	890.-	**Fonds étrangers / dettes à long terme**	
Stock	1'000.-	Emprunt à LT	58'000.-
Actifs immobilisés		Dette hypothécaire	--.-
Machines et appareils	5'000.-	**Fonds propres**	
Informatique	10'250.-	Capital	11'036.-
Véhicules	25'896.-		
Brevets	25'000.-		
Total des actifs	**76'036.-**	**Total des passifs**	**76'036.-**

APRÈS UNE CLÔTURE UN BILAN EST ÉQUILIBRÉ, GRÂCE À L'ÉGALITÉ

FONDS PROPRES = TOTAL DES ACTIFS - FONDS ÉTRANGERS

122. COMPTABILISATION DES ACTIVITÉS

La comptabilité observe les flux économiques. Ces flux modifient la situation de l'entreprise. Il est nécessaire de les enregistrer dans les comptes.

NOTIONS FONDAMENTALES

- Les comptes enregistrent toutes les opérations comptables résultant de l'activité de l'entreprise
- Toute écriture est double, c'est à dire qu'elle est passée simultanément au débit d'un compte et au crédit d'un autre compte
- Le total des enregistrements passés au débit des comptes est toujours égal au total des enregistrements passés au crédit des comptes

**LE DÉBIT DU COMPTE CORRESPOND À L'EMPLOI DU FLUX ET
LE CRÉDIT CORRESPONDANT À LA SOURCE DU FLUX**

Exemples

Apport d'un propriétaire par dépôt à la banque, achat d'un véhicule à crédit, retrait de la banque pour mettre dans la caisse. Toutes ces opérations ne changent pas la fortune de l'entreprise qui est enregistrée dans le compte Capital.

A noter que l'utilisation de l'informatique permet de connaître en tout temps le solde des comptes.

LE JOURNAL

Les écritures comptables ne sont pas directement inscrites dans le Grand Livre, on les note généralement en premier lieu dans le Journal. Il répertorie les enregistrements chronologiquement, ce qui est plus pratique pour surveiller les transactions. Voici comment se présentent généralement les comptes:

#	Date	Libellé	Débit	Crédit	Solde

Il existe une règle que l'on nomme la croix comptable qui nous donne cette information sur le fonctionnement des comptes :

	Débit	Crédit
Actif	+	—
Passif	—	+

Exemple

Nous retirons de 300.- d'argent liquide au bancomat. Cette opération aura une influence sur deux comptes: le compte caisse qui va augmenter. En effet nous avons alors 300.- de plus en liquide. Le compte banque va diminuer. En effet nous avons alors 300.- de moins sur notre compte bancaire.

Nous savons que: le compte caisse est un compte actif et que le compte banque est également un compte actif. Ainsi, le compte de la **caisse** évoluera de la manière suivante:

#	Date	Libellé	Débit	Crédit	Solde
1	01/11/__	Retrait au bancomat > caisse	300.-	_	(Si + 300.-)

Le compte bancaire évoluera lui de la manière suivante:

#	Date	Libellé	Débit	Crédit	Solde
1	01/11/__	Retrait au bancomat	_	300.-	(Si - 300.-)

Ecriture que nous simplifierons, notamment en éliminant les éléments qui apparaissent à plusieurs reprises, soit:

#	Date	Compte		Libellé	Somme	
		débité	crédité		débitée	créditée
1	01/11/__	Caisse	Banque	Retrait au bancomat	300.-	300.-

LE GRAND LIVRE

Le Grand Livre recense l'ensemble des comptes que l'entreprise doit tenir pendant son activité. Il permet d'avoir une vision globale de l'ensemble des comptes de l'entreprise. À la fin de l'exercice comptable, il faut clôturer le compte en y inscrivant le spb ou Sf. Celui-ci se porte au crédit si le compte est actif et au débit si le compte est passif. Les comptes en T sont une représentation de ces comptes avec dans la colonne de gauche les débits et dans la colonne de droite les crédits.

La clôture d'un compte du Grand-Livre

Pour connaître la valeur d'un compte, il faut le clôturer. Prenons un exemple, nous voulons savoir quelle est la valeur du compte caisse, c'est-à-dire de combien d'argent liquide dispose l'entreprise. Nous allons donc clôturer le compte caisse.

D+	1000 CAISSE		C-	D+	1000 CAISSE		C-
Si	1'000.-	(Si+300.-)	Sf	Si	1'000.-	1'300.-	Sf
1)	300.-			1)	300.-		
	1'300.-	**1'300.-**			**1'300.-**	**1'300.-**	

Il y a cinq étapes pour la clôture d'un compte :
1. On calcule la somme de tous les montants au débit
2. On calcule la somme de tous les montants au crédit
3. On regarde laquelle de ces deux sommes est la plus grande et on lui soustrait la somme la plus petite
4. On inscrit le résultat obtenu au point 3 dans la colonne qui avait la somme la plus petite
5. On calcule le total des montants inscrits au débit et le total des montants inscrits au crédit, y compris le solde final

La clôture d'un bilan s'effectue en **reportant les différents soldes finaux Sf** des comptes du Grand-Livre.

123. PARTICULARITÉS

SE MÉFIER DU COMPTE BANQUE

Un compte bancaire peut se trouver à l'actif du bilan ce qui signifie que la banque garde de l'argent qui nous appartient et qu'on lui a prêté (il nous rapporte des intérêts-produits, ce qui sous-entend que la Banque nous paie pour ce prêt). Mais ce même compte peut se retrouver au passif si nous avons une dette envers la banque et donc que l'on doit de l'argent à la Banque

Pour ne plus se faire piéger par cette particularité bancaire, se souvenir que, lorsque l'on débite (à gauche) le compte banque cela va correspondre à un dépôt d'argent et, lorsque l'on crédite (à droite) le compte banque, cela correspond à un retrait.

DISTINGUER LES DETTES FOURNISSEURS DES AUTRES DETTES

Les dettes fournisseurs concernent l'entreprise qui nous livre des marchandises ou toute matière première que l'on va revendre, avec ou sans transformation. Ainsi, si je vends des pommes, l'entreprise qui nous livre les pommes sera notre fournisseur. Une entreprise peut avoir un fournisseur ou plusieurs (ex : Migros, Coop, Ikea, etc...).

Ainsi, si le propriétaire d'une entreprise de matériels électroniques s'achète à crédit un nouveau bureau, l'opération concernant cet achat sera comptabilisé, sauf indication contraire, en utilisant le compte autres dettes (nous n'avons a priori pas l'intention de revendre le bureau).

Dettes fournisseurs : Marchandises ou matières premières destinées à être revendue

Autres dettes : Pour tous les autres achats effectués à crédit

ACHAT ET VENTES À CRÉDIT

Liquidités

Payer comptant, cash, en liquide, en espèces signifie une seule et même chose: prendre de l'argent dans la caisse afin de payer quelqu'un.

Créances et créanciers

Acheter ou vendre à crédit signifie que le payement s'effectuera plus tard; il existera donc dans l'intervalle une dette (achat à crédit) ou une créance (vente à crédit). Les personnes dépositaire de créances envers l'entreprise sont aussi appelé débiteurs; un fournisseur ou tout propriétaire d'une dette que nous avons envers lui est aussi appelé créanciers.

Par ailleurs, lorsqu'on journalise une opération au journal et que cette opération concerne le paiement d'une facture, on indique toujours le numéro de la facture et le nom, soit du débiteur, soit du créancier, afin de facilement retrouver le payement si besoin est. A noter que le numéro dans la colonne de gauche correspond au numéro de la pièce comptable (preuve de l'opération réalisée).

Exemples

#	Date	Compte		Libellé	Somme	
		débité	crédité		débitée	créditée
2	05/11/__	Mobilier	A. dettes	N/ achat d'un bureau, facture no… du magasin 2M	1'300.-	1'300.-
3	05/11/__	Créances	Vente	N/ vente au client C, facture no…	2'000.-	2'000.-
4	19/11/__	A. dettes	Banque	N/ payement, facture no… au fournisseur F	1'300.-	1'300.-
5	20/11/__	Banque	Créances	Reception payement du client C, facture no…	2'000.-	2'000.-

Exercices interactifs sous http://ecol2.com/u/exobilan1, exobilan2 ou exobilan3.

CAPITAL

Le propriétaire ou actionnaire d'une entreprise utilise les comptes "fonds propres" lorsqu'il souhaite augmenter son engagement dans l'entreprise, cela s'appelle un investissement ou un apport (par exemple lors d'une augmentation de capital). A l'inverse, il peut retirer de l'argent de son capital (plus rare) cela s'appelle le désinvestissement.

124. CLÔTURE D'UN BILAN

Partons de la situation initiale, par exemple au moment de la création d'une entreprise.

ACTIFS	BILAN EN CHF AU 1ER JANVIER 20__		PASSIFS
Banque	25'000	Capital	25'000
Total des actifs	**25'000**	**Total des passifs**	**25'000**

Soit les activités présentée plus haut: retrait de 300.- au bancomat, achat d'un meuble à crédit chez 2M pour 1'300.-, vente à crédit pour 2'000.- au client C, notre payement à 2M par virement bancaire et la réception du payement de C sur notre compte bancaire. Nous avons déjà étudiez les écritures de ces opérations au journal; étudions à présent ce qui se passe dans les comptes du bilan au Grand-Livre (nous laissons de côté le compte vente pour le moment).

D+	1020 BANQUE		C-
Si	25'000.-	300.-	(1
5)	2'000.-	1'300.-	(4

D-	2800 CAPITAL		C+
		25'000.-	Si

D+	1000 CAISSE		C-
Si	0.-		
1)	300.-		

D-	2100 AUTRES DETTES		C+
4)	1'300.-	0.-	Si
		1'300.-	(2

D+	1500 MEUBLES		C-
Si	0.-		
2)	1'300.-		

D+	1100 CRÉANCES		C-
Si	0.-	2'000.-	(5
3)	2'000.-		

Puis nous clôturons ces comptes.

D+	1020 BANQUE		C-
Si	25'000.-	300.-	(1
5)	2'000.-	1'300.-	(4
		24'400.-	Sf
	27'000.-	**27'000.-**	

D-	2800 CAPITAL		C+
		25'000.-	Si
	//		

D+	1000 CAISSE		C-
Si	0.-	300.-	Sf
1)	300.-		
	300.-	**300.-**	

D-	2100 AUTRES DETTES		C+
4)	1'300.-	0.-	Si
Sf	0.-	1'300.-	(2
	1'300.-	**1'300.-**	

D+	1500 MOBILIER		C-
Si	0.-	1'300.-	Sf
2)	1'300.-		
	1'300.-	**1'300.-**	

D+	1100 CRÉANCES		C-
Si	0.-	2'000.-	(5
3)	2'000.-	0.-	Sf
	2'000.-	**2'000.-**	

Soit le bilan correspondant:

ACTIFS	BILAN EN CHF AU 31 NOVEMBRE 20__		PASSIFS
Actifs circulants		**Fonds étrangers / dettes à court terme**	
Caisse	300.-	Autres dettes	0.-
Banque	24'400.-	**Fonds propres**	
Créances	0.-	Capital	25'000.-
Actifs immobilisés			
Mobilier	1'300.-		
Total des actifs	25'000.-	**Total des passifs**	25'000.-

PLAN COMPTABLE

Détails disponibles dans l'ouvrage sur les éléments de référence

1000 Caisse	(CSE)	
1010 Poste	(POS)	
1020 Banque - c/c	(BQE)	
1050 Placements	(PLM)	
1100 Créances clients	(CCL)	
1120 Créances douteuses	(CDO)	
1120 Provisions et autres débiteurs	(PAD)	
1150 Impôt préalable (TVA)	(IPR)	
1170 Impôts payés d'avance	(IPA)	
1200 Stock	(STO)	
1300 Actifs transitoires	(ATR)	
1310 Produit à recevoir	(PAR)	
1500 Machines	(MAC)	
1510 Mobilier	(MOB)	
1520 Matériel informatique	(TIT)	
1530 Véhicules	(VEH)	
1600 Immeubles	(IMO)	
1700 Immobilisations incorporelles	(IMI)	

2000 Dettes fournisseurs	(DFO)
2100 Autres dettes à court terme avec intérêts	(ADI)
2200 TVA due / dettes AFC	(TVA)
2300 Passifs transitoires	(PTR)
2400 Dettes à long terme	(DLT)
2800 Capital	(CAP)
2850 Privé	(PRV)

4200 Achat de marchandise	(ADM)
4700 Prestations de tiers (services)	(PDT)
4800 Déductions obtenues /achat	(DOA)
4900 VS et autres charges liées aux prestations	(VSC)

3200 Ventes de marchandises	(VDM)
3400 Honoraires	(HON)
3700 Prestations propres	(PPR)
3800 Déductions accordées /ventes	(DAV)
3820 Pertes sur créances	(PSC)
3900 VS et autres revenus liées aux prestations	(VSR)

5200 Salaires et charges sociales	(SAL)
6000 Loyer et charges de locaux	(LOY)
6100 Entretien, réparations, remplacements	(ERR)
6200 Charges de véhicules	(CVH)
6300 Assurances	(ASS)
6400 Charges d'énergie et déchets	(CED)
6500 Charges d'administration	(CAD)
6600 Marketing et publicité	(MKT)
6700 Autres charges d'exploitation	(ACE)
6800 Résultat financier et intérêts	(RFI)
6900 Amortissements	(AMO)
8900 Charges d'impôt	(CDI)
9000 Marge brut	(MAB)
9400 Résultat de l'exercice	(RXE)

7000 Résultats annexes	(RAA)
7400 Résultat des placements financiers	(RPF)
8200 Résultat exceptionnel	(RXC)

13. COMPTES DE GESTION

Nous avons vu au chapitre précédent que pour comptabilisé une opération financière, on procédait en trois étapes: i) existe-t-il un flux monétaire (compte de liquidité)? ii) Sinon, est-on en présence d'une facture (reçue ou envoyée); iii) Quels sont alors les comptes touchés? iv) Quel est la nature de ces comptes et si sa valeur augmente ou diminue. Les comptes de gestion répondent aux même règles, ils concerneront cependant non pas le patrimoine (éléments temporairement gardé au sein de la structure), mais l'accroissement ou diminution de richesse (élément acquis ou consommé de manière définitive dans une période donnée); leurs valeurs sont remises à zéro chaque année en transférant cet accroissement ou cette diminution au patrimoine. Les comptes de gestions comprennent deux types de comptes.

131. COMPTES DE CHARGES ET PRODUITS

LES CHARGES

Elles font diminuer la fortune nette. Il existe des charges de marchandises (achat), de personnel (salaires), charges diverses (loyer, assurance,…) ou exceptionnelles. Il s'agit des coûts que l'entreprise doit soutenir pour financer son activité. Elles augmentent au débit et diminuent au crédit du compte. Exemples : i) paiement en espèce d'une facture d'électricité; ii) paiement des salaires par la banque; iii) règlement du loyer par virement bancaire.

LES PRODUITS

Ils font augmenter la fortune nette. Il y a des produits de marchandises (ventes), des prestations de service (honoraire), divers (comme les intérêts bancaire). Les produits augmentent au crédit et diminuent au débit du compte. Exemples : i) vente de marchandises; ii) enregistrement d'un intérêt en notre faveur; iii) facturation de travaux réalisés.

132. CALCUL DU RÉSULTAT

La clôture des comptes de gestion suit le même processus que la clôture des comptes d'actifs et passifs, les soldes ne seront cependant pas directement virés au bilan, mais au compte de résultat ou de "pertes et profit" (PP). On procédera donc par étape.

CLÔTURER LES COMPTES DE GESTION

Ce solde, à la place de s'appeler solde final (SF) ou pour balance (SpB) comme pour le bilan, s'appellera virement au résultat (V/R).

D+	SALAIRES	C-
1)	3'000.- |	3'800.- V/R
2)	1'200.- |	
3)	600.- |	
	2'540.- |	**2'540.-**

ETABLIR LE COMPTE DE RÉSULTAT

Le compte de résultat est aux charges et aux produits ce que le bilan est aux actifs et aux passifs. Les charges sont reprises dans la colonne de gauche (augmentent au débit du compte) alors que les produits (augmentent au crédit) sont inscrits dans la colonne de droite.

CHARGES	COMPTE DE RESULTAT EN CHF DU 1ER JANVIER AU 31 DÉCEMBRE 20__		PRODUITS
Salaires	2'000.- |	Honoraires	5'000.-
Loyer	500.- |		
Intérêt-charges	40.- |		
	|		
Total des charges	**2'540.-** |	**Total des produits**	**5'000.-**

A partir du compte de résultat, on détermine le résultat d'exploitation de l'entreprise (bénéfice ou perte). Si les produits ont été supérieurs aux charges on parlera de bénéfice. Dans le cas contraire, c'est-à-dire que les charges ont été supérieures aux produits, on parlera de perte. Concrètement, pour déterminer le résultat de l'entreprise, on va clôturer le compte de résultat comme n'importe quel autre compte.

COMPTES DE RÉSULTAT

```
----- ------------------ ---| -------------------
Charges              |
----- ------------------ ---|              Produits
Bénéfices            |
----- ------------------ ---|---------- -------
```

COMPTES DE RÉSULTAT

```
----- ------------------ ---|-------------------
                      |              Produits
Charges              |-------------------
                      |              Pertes
----- ------------------ ---|-------------------
```

Exemple 1

CHARGES	COMPTE DE RESULTAT EN CHF DU 1ER JANVIER AU 31 DÉCEMBRE 20__		PRODUITS
Salaires	2'000.-	Honoraires	5'000.-
Loyer	500.-		
Intérêt-charges	40.-		
Bénéfice	2'460.-		
Total	5'000.-	Total	5'000.-

Exercices interactifs sous http://ecol2.com/u/exores1, exores2 ou exores3.

34

Exemple 2

CHARGES	COMPTE DE RESULTAT EN CHF DU 1ER JANVIER AU 31 DÉCEMBRE 20__		PRODUITS
Salaires	1'000.-	Honoraires	1'000.-
Loyer	300.-		
Intérêt-charges	20.-		
		Perte	320.-
Total	**1'320.-**	**Total**	**1'320.-**

Le bénéfice ou la perte nette d'exploitation est ensuite viré ensuite au bilan, soit dans le compte 2800 Capital ou 2850 Privé, selon la situation propre à l'entreprise

VIRER LE RÉSULTAT AU BILAN

1. Le virement du résultat se fait en diagonale, ainsi le bénéfice est viré au crédit du compte capital alors que la perte est virée au débit du compte capital

2. Le compte capital n'est clôturé qu'après y avoir viré le résultat (bénéfice ou perte)

3. On utilisera parfois, notamment dans des TPE ou entreprise individuelle, un compte intermédiaire appelé compte privé

D-	CAPITAL	C+
	50'000.-	Si
	2'460.-	BN

Exemple avec la vidéo sous http://ecol2.com/u/vrob.

133. SOCIÉTÉS DE PERSONNE ET COMPTE PRIVÉ

Selon la structure de l'entreprise, il est parfois difficile de faire la différence entre un bien qui est acquis pour l'entreprise et un bien qui serait acheté pour le propriétaire (par exemple un ordinateur personnel); il est alors nécessaire d'ouvrir un compte Privé (fonctionne comme le compte Capital) qui sert à différencier la sphère de l'entreprise de la sphère personnelle du propriétaire. Tout ce qui se trouve au débit du compte Privé va faire diminuer la fortune du propriétaire alors que tout ce qui se trouve au crédit va faire augmenter sa fortune. En résumé:

D-	PRIVÉ	C+
Dépenses		Salaires
Pertes		Intérêt du capital
		Bénéfice

Le **salaire** du propriétaire se justifie par le fait que, s'il ne travaillait pas, il faudrait rémunérer une autre personne pour le travail qu'il réalise.

Les **intérêts** sur le capital investi se justifient par le fait que le capital propre du propriétaire est à comparer à un prêt qu'il ferait à l'entreprise. En contrepartie, il demande une rémunération, c'est-à-dire un intérêt qui vient augmenter ses avoirs.

Le **revenu** global est composé de l'ensemble des revenus du propriétaire. Il se compose d'un salaire (rémunération du travail), d'un intérêt (rémunération du capital investi) et, si l'entreprise se porte bien, d'un profit ou bénéfice net (rémunération du risque encouru par le propriétaire).

PRINCIPALES ÉCRITURES COMPTABLES LIÉES AU COMPTE PRIVÉ

Le prélèvement du propriétaire

Lorsque le propriétaire prélève de l'argent pour son propre compte, nous avons vu ci-dessus que le compte privé était débité. La contrepartie de cette écriture se trouvera dans un compte actif (généralement caisse, poste ou banque).

Le propriétaire retire 400.- pour ses besoins propres de la caisse de l'entreprise.

#	Date	Compte débité	Compte crédité	Libellé	Somme débitée	Somme créditée
6	21/11/__	Privé	Caisse	Retrait en liquide du propriétaire	400.-	400.-

Le salaire du propriétaire

Le salaire du propriétaire représente un revenu pour ce dernier mais il s'agit d'une charge pour l'entreprise (comme n'importe quel autre salaire). On débitera donc le compte salaire (augmentation de la charge salariale pour l'entreprise) et on créditera le compte privé (augmentation du revenu du propriétaire).

Comptabilisation d'un salaire de 3'000.- pour le propriétaire de l'entreprise.

#	Date	Compte débité	Compte crédité	Libellé	Somme débitée	Somme créditée
7	25/11/__	Salaire	Privé	Salaire du propriétaire	3'000.-	3'000.-

L'intérêt sur le capital

Tout comme le salaire, l'intérêt sur le capital représente un revenu pour le propriétaire. Il s'agira donc de créditer le compte privé. Mais cet intérêt payé au propriétaire représente également une charge pour l'entreprise. Le compte intérêt-charge sera donc débité.

Comptabilisation d'un intérêt de 4% sur le capital investi par le propriétaire de l'entreprise. (le capital s'élève à 100'000.-).

#	Date	Compte débité	Compte crédité	Libellé	Somme débitée	Somme créditée
8	1/12/__	Intérêt-charge	Privé	Intérêt sur le capital investi par le propriétaire	4'000.-	4'000.-

CLÔTURE DES COMPTES

Comme nous l'avons vu précédemment, la procédure de clôture va quelque peu changer avec la prise en compte du compte privé. En effet, le bénéfice ou la perte, doit être viré au compte privé et non plus au compte capital directement.

CHARGES	COMPTE DE RESULTAT EN CHF DU 1ER JANVIER AU 31 DÉCEMBRE 20__		PRODUITS	
Salaires	3'000.-	Honoraires	15'000.-	
Loyer	1'000.-			
Intérêt-charges	4'000.-			
Bénéfice	7'000.-			
Total	**15'000.-**	**Total**	**15'000.-**	

D-	PRIVÉ	C+	D-	CAPITAL	C+
Retrait 5'000.-	500.-Salaire		Sf 29'500.-	25'500.- Si	
Variation de for-	2'000.-Intérêt			4'000.- Vf	
tune 4'000.-	7'000.-Bénéf.				
9'500.-	**9'500.-**		**29'500.-**	**29'500.-**	

Le solde du compte privé, c'est-à-dire la part du revenu que le propriétaire a décidé de ne pas retirer est automatiquement réinvestie dans l'entreprise et vient donc augmenter le capital. Ce solde est appelé variation de fortune.

Plus d'explications et comparaison des méthodes avec et sans compte privé, en images sous http://ecol2.com/u/cmcp.

Balance de vérification

La balance de vérification est un outil qui permet de vérifier et de contrôler toutes les opérations comptables. Elle se présente sous la forme d'un grand tableau qui reprend, en permanence, pour tous les comptes utilisés :

• Le total des opérations passées au débit du comte

- Le total des opérations au crédit
- Ainsi que les soldes

Etant donné que toute écriture comptable est passée simultanément au débit d'un compte et au crédit d'un autre compte, lorsque l'on additionne les débits et crédits de tous les comptes du Grand Livre, la somme des débits doit être égale à la somme des crédits. Si c'est le cas, la balance est équilibrée. Cette condition doit être rencontrée avant de produire les états financiers (Bilan et Compte de Résultat). Si la balance de vérification n'est pas équilibrée, il y a une erreur dans les comptes. Le comptable doit alors retrouver cette erreur ou ces erreurs, ce qui peut être parfois très long et pénible.

Avec les logiciels comptables, la balance de vérification peut être établie à tout moment, cela permet de faire rapidement un point de la situation financière de l'entreprise.

Exemple de balance de vérification

Comptes	Totaux		Soldes	
	Débit	Crédit	Débit	Crédit
Caisse	48'881.50	40'000.00	8'881.50	
Banque	39'755.95	30'239.10	9'516.85	
Mobilier	13'590.00	1'500.00	12'090.00	
Informatique	20'000.00	10'000.00	10'000.00	
Créanciers		6'568.20		6'568.20
Honoraires		194'247.00		194'247.00
Salaires	150'450.75		150'450.75	
Loyer	7'089.00		7'089.00	
Electricité	1'200.00		1'200.00	
Matériel de bureau	866.25		866.25	
Téléphone	720.85		720.85	
TOTAUX	**282'554.30**	**282554.30**	**200'815.20**	**200'815.20**

CAISSE		BANQUE	
Bal. 48'881.50	Bal. 40'000.00	Bal. 39'755.95	Bal. 30'239.10

134. COMPLÉMENTS

ELÉMENTS DES PIÈCES COMPTABLES

Une pièce comptable est un enregistrement d'une transaction réalisée entre un vendeur et un offrant. La pièce comptable est le document qui justifie l'écriture comptable.

Créancier et débiteur

Le créancier est la personne à qui l'on doit de l'argent, qui a prêté de l'argent. Le débiteur est la personne qui doit rembourser l'emprunt.

Exemple : Damien a prêté de l'argent à Jérôme. Jérôme est le débiteur de Damien. Damien à une créance contre Jérome.

L'escompte

L'escompte est une réduction offerte par le fournisseur ou par le vendeur d'un bien en échange d'un paiement rapide. Par exemple, un fournisseur peut nous proposer un escompte de 5% sur une marchandise si on paie dans un délai de 10 jours. Dans un compte Caisse, l'escompte est comptabilisé lorsque le paiement est réalisé, pas avant. On note le prix payé, déduction faite de l'escompte. Dans le compte Créances ou Dettes, l'escompte est également comptabilisé lorsque la facture est réglée.

DOCUMENTS DE PAIEMENT

Dorénavant beaucoup de paiements se réalisent de manière électronique, via e-banking ou sur Postfinance. Toutefois d'autres moyens de payement sont encore couramment utilisés.

Les bulletins de versement postaux

Il existe les bulletins de versement rouge (BV) qui permettent, sur le bulletin une communication personnelle ainsi que les bulletins de versement orange (BVR) qui sont utilisés par les entreprises, et compte souvent un numéro de référence. Ceux-ci sont déjà remplis et il s'agit simplement d'ajouter la somme à régler. En échange du paiement, la Poste remet un récépissé qu'il faut conserver en guise de preuve du règlement. Le paiement peut se faire au guichet postal ou via Internet. Le débiteur n'est pas obligé de posséder un compte.

Le chèque

Le titulaire d'un compte remplit le chèque (montant, date, numéro de la carte, signature). Il remet le chèque au bénéficiaire qui contrôle la validité de la carte et la signature). Le bénéficiaire se rend ensuite dans un office de Poste ou à une banque pour encaisser la somme et celle-ci est portée au débit du compte du titulaire. Le débiteur et le créancier doivent donc avoir un compte pour réaliser cette opération.

Le mandat de paiement

Le débiteur remplit un bulletin de paiement pour le destinataire. La taxe est payée par le débiteur. Le créancier reçoit la somme en espèce dans un office de Poste. Le créancier ne possède pas forcément de compte.

OPÉRATIONS DE SAISIE COMPTABLE PARTICULIÈRE

L'extourne

Opération qui consiste à inverser une écriture comptable déjà passée. Exemple: pour un virement de 1'500.- à la banque, il a été passé par erreur l'écriture Poste à Caisse 1000.-

Il y a bien entendu erreur car il aurait fallu débiter le compte Banque. L'écriture corrective se passe alors ainsi :

1. On passe d'abord une contre-écriture pour annuler celle qui est erronée, soit Caisse à Poste avec comme libellé Extourne pour 1'000.-
2. On rectifie ensuite en passant l'écriture correcte :
   Banque à Caisse avec le libellé habituel pour 1'500.-

L'amortissement

Correspond à un enregistrement d'une charge pour la perte de valeur d'une immobilisation.

Exemple: Une entreprise achète un ordinateur à 3'500.-. Il s'agit d'une immobilisation corporelle qui se déprécie. En effet si, l'année suivante, l'entreprise ne pourrait plus le revendre au même prix, cette perte de valeur de l'ordinateur est inscrite dans le compte 6900 Amortissement et au crédit de la même valeur au compte correspondant à l'immobilisation (dans ce cas le compte 1520 Matériel informatique).

14. SUIVI D'ACTIVITÉS COMMERCIALES

Jusqu'à présent, nous nous sommes intéressés à des entreprises qui offraient uniquement des prestations. Nous intéresserons ici aux entreprises qui achètent et vendent des biens sans transformations (comme par exemple les librairies, les boutiques de vêtements ou les supermarchés), appelées aussi entreprises commerciales.

141. LES MARCHANDISES

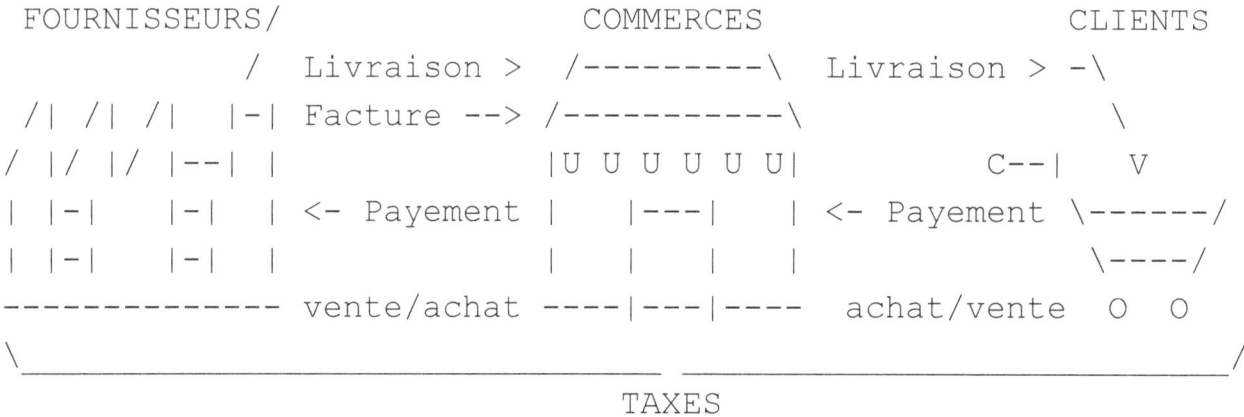

```
FOURNISSEURS/                    COMMERCES                    CLIENTS
         /  Livraison >  /---------\  Livraison > -\
 /|  /|  /|   |-| Facture -->  /-----------\              \
 /  |/  |/  |--| |            |U U U U U U|        C--|    V
 |  |-|    |-|  |  <- Payement |    |---|    |  <- Payement \------/
 |  |-|    |-|  |              |    |   |    |                \----/
 ------------- vente/achat ----|---|---- achat/vente  O  O
  _____ _____/
                            TAXES
```

Le coût (d'achat) des marchandises vendues est enregistré dans un compte de charge. La vente de marchandises constitue un produit. L'ensemble des ventes, après déductions des rabais, remises, escomptes et retours s'appelle le chiffre d'affaire net (CAN). Ce qui au niveau comptable s'écrit:

CHARGES	COMPTE DE RESULTAT EN CHF AU 31 DÉCEMBRE 20__		PRODUITS
4200 Achat de marchandises	800.-	CAN	1'000.-
Marge brute (MB)	200.-		
Total	1'000.-	Total	1'000.-

ACHAT DE MARCHANDISES

Au comptant

Lorsque les marchandises sont achetées au comptant, l'écriture est très simple, par exemple un achat au comptant de 500.- :

#	Date	Compte débité	Compte crédité	Libellé	Somme débitée	Somme créditée
1	15/1/__	ADM	Caisse	N/ achat de marchandises comptant	500.-	500.-

Achat à crédit

Souvent les fournisseurs accordent un crédit à leurs clients au travers de factures. Dans ce cas, on utilise un compte passif (fournisseurs) spécialement dédié aux dettes de l'entreprise auprès des fournisseurs.

Achat de marchandises pour 800.-, montant à payer dans les 30 jours.

#	Date	Compte débité	Compte crédité	Libellé	Somme débitée	Somme créditée
1	15/1/__	ADM	Four-nisseurs	N/ achat de marchan-dises à crédit	800.-	800.-

Retours de marchandises

Si la marchandise envoyée par le fournisseur n'est pas conforme aux attentes, il est possible de la retourner. Dans ce cas, on passera une écriture correctrice, soit Fournisseurs à Achats de marchandises pour le montant de la marchandise retournée.

Nous retournons pour 500.- de marchandises à un fournisseur.

#	Date	Compte débité	Compte crédité	Libellé	Somme débitée	Somme créditée
2	15/1/__	Fournis-seurs	ADM	N/ achat de marchan-dises à crédit	500.-	500.-

Le compte d'achat de marchandises du Grand-Livre évoluera donc de cette manière:

D+	4200 ACHAT MARCHANDISES	C-
Achat		Retour de marchandises
		V/R (virement au résultat)

Escomptes et rabais obtenus

Afin d'encourager les clients à payer rapidement, les fournisseurs accordent parfois un escompte à leurs clients. Il s'agit d'un montant qui sera déduit du prix de vente en cas de paiement anticipé.

Achat de marchandise à crédit pour 800.- payable dans les 60 jours, un es-compte de 2 % est accordé en cas de paiement dans les 10 jours.

#	Date	Compte débité	Compte crédité	Libellé	Somme débitée	Somme créditée
1	15/1/__	Achat marchan-dises	Four-nisseurs	N/ achat de marchan-dises à crédit	800.-	800.-

Suite de l'opération 1, paiement par virement bancaire dans les 10 jours.

#	Date	Compte débité	Compte crédité	Libellé	Somme débitée	Somme créditée
3	18/1/__	Fournis-seurs	-	N/ payement de la dette	800.-	-

#	Date	Compte		Libellé	Somme	
		débité	crédité		débitée	créditée
		-	Déductions obtenues	2% d'escompte sur achat	-	16.-
		-	Banque	N/ paiement du solde par virement bancaire	-	784.-

L'escompte ne sera comptabilisé que lors du paiement anticipé de la dette auprès du fournisseur. Cette réduction représente une charge négative (un produit) pour l'entreprise. Si par contre le paiement n'avait pas été effectué dans le délai de l'escompte, l'écriture aurait simplement été la suivante :

#	Date	Compte		Libellé	Somme	
		débité	crédité		débitée	créditée
3	18/1/__	Fournisseurs	Banque	N/ payement de la dette par virement	800.-	800.-

Frais d'achat

L'achat de marchandises génère souvent d'autres charges. Par exemple, des frais de transports, des frais d'assurances, des droits de douanes. Ils sont comptabilisés dans le compte de charges « frais d'achat » dont les signes de fonctionnement sont +/-.

Nous payons 300.- de droits de douane au comptant.

#	Date	Compte		Libellé	Somme	
		débité	crédité		débitée	créditée
4	18/1/__	Frais d'achat	Caisse	N/ payement au comptant de droits de douane	300.-	300.-

VENTE DE MARCHANDISES

Au comptant

Lorsque les marchandises sont vendues au comptant, l'écriture est très simple, **par exemple pour vente au comptant de 200.-**

#	Date	Compte		Libellé	Somme	
		débité	crédité		débitée	créditée
5	21/1/__	Caisse	VDM	N/ vente au comptant de trois pantalons	200.-	200.-

Vente à crédit

Souvent l'entreprise fait crédit à ses clients qui pourront payer leur marchandise sur la base d'une facture. Dans ce cas, l'entreprise dispose d'une créance envers ses clients (les clients lui doivent de l'argent).

Vente de marchandises à crédit pour 300.-

#	Date	Compte		Libellé	Somme	
		débité	crédité		débitée	créditée
6	20/1/__	Créances	VDM	N/ vente de chemises à crédit	300.-	300.-

Retours de marchandises

Tout comme nous pouvons renvoyer de la marchandise non-conforme à un fournisseur, un client peut en faire de même avec la marchandise que nous lui avons envoyé. On passer alors l'opération correctrice Ventes de marchandises à Créances clients

Par exemple pour un retour marchandise de 100.-

#	Date	Compte		Libellé	Somme	
		débité	crédité		débitée	créditée
7	20/1/__	VDM	Créances	N/ vente de chemises à crédit	300.-	300.-

Le compte ventes de marchandises du Grand-Livre évoluera donc de la manière suivante:

D-	3200 VENTES DE MARCHANDISES	C+
Retour de marchandises client		Ventes
V/R (virement au résultat)		

Les escomptes et rabais accordés

Afin d'encourager leurs clients à payer rapidement, les entreprises accordent souvent un escompte: un montant qui sera déduit du prix de vente en cas de paiement rapide.

Vente de marchandise à crédit pour un montant de 1'000.- payable à 60 jours, un escompte de 2 % est accordé en cas de paiement dans les 10 jours.

#	Date	Compte		Libellé	Somme	
		débité	crédité		débitée	créditée
6	20/1/__	Créances	VDM	N/ vente de marchandises à crédit (fact. F)	1'000.-	1'000.-

L'escompte ne sera comptabilisé que lors du paiement anticipé du client.

#	Date	Compte		Libellé	Somme	
		débité	crédité		débitée	créditée
8	25/1/__	Banque	-	Payement facture F par virement bancaire	980.-	-
		Déductions accordées	-	2% d'escompte	20.-	-
		-	Créances	Paiement du solde dû	-	1'000.-

Si par contre le paiement n'avait pas été effectué dans le délai de l'escompte, l'écriture aurait simplement été la suivante :

#	Date	Compte		Libellé	Somme	
		débité	crédité		débitée	créditée
8	25/1/__	Banque	Créances	Payement de la facture F par virement bancaire	1'000.-	1'000.-

Frais de vente

Lorsque l'entreprise vend des marchandises, des frais à sa charge peuvent également survenir, notamment des frais d'expéditions et des frais d'emballage. Dans ce cas, le compte Fret et ports est débité.

Exemple: achat au comptant pour 400.- d'emballages pour des produits destinés à la vente

#	Date	Compte		Libellé	Somme	
		débité	crédité		débitée	créditée
9	22/1/__	Fret et ports	Caisse	N/ achat d'emballage au comptant	400.-	400.-

Prélèvements du propriétaire

Si l'entreprise appartient à son propriétaire, ce dernier peut potentiellement décider de prélever dans le stock de marchandises pour ses propres besoins. Dans ce cas, un compte de produit spécial existe, le compte prestations propres

Le patron de l'entreprise prend pour 150.- de marchandises dans les stocks.

#	Date	Compte		Libellé	Somme	
		débité	crédité		débitée	créditée
10	28/1/__	Privé	Préstations à soi-même	Prélèvement de marchandise dans le stock par P	150.-	150.-

LES COMMISSIONS

Les vendeurs de l'entreprise reçoivent évidemment un salaire fixe. Ajouté à leur salaire fixe, ils peuvent recevoir des commissions en fonction du volume des ventes qu'ils auront effectuées. Dans ce cas, un compte de charges de personnelles, Primes occasionnelles, est débité. Une personne externe à l'entreprise qui amène un client à acheter un ou plusieurs produits peut également, dans certains cas, toucher des commissions; dans ce cas, un compte de charges pour prestations est utilisé: le compte Prestations de tiers. Cette distinction est habituellement présenté dans les règles internes de comptabilité d'une entreprise. Exemples:

Nous payons au comptant 49.- de commission à un vendeur de l'entreprise.

#	Date	Compte débité	Compte crédité	Libellé	Somme débitée	Somme créditée
11	30/1/__	Primes	Caisse	N/ paiement de commissions à … (vendeur de l'entreprise)	49.-	49.-

Nous payons au comptant pour 100.- de commission pour la prestation d'un intermédiaire externe à l'entreprise.

#	Date	Compte débité	Compte crédité	Libellé	Somme débitée	Somme créditée
12	30/1/__	Prestation de tiers	Caisse	N/ paiement de commissions à … (intermédiaire)	100.-	100.-

LES STOCKS

En fin d'exercice ou de manière régulière, l'inventaire des marchandises nous permet de déterminer la variation de stock. L'inventaire figure à l'actif du bilan dans le compte Stock de marchandises. Le compte de variation de stock VS se présentera alors de la manière suivante:

D	4900 VARIATION DE STOCK	C
Diminution du stock		Augmentation du stock

Comptabilisation d'une diminution de stock

Une diminution de stock correspondra à une charge puisque de la marchandise a été consommée.

Exemple: le 31 janvier, nous constatons une diminution de stock de 400.-

#	Date	Compte		Libellé	Somme	
		débité	crédité		débitée	créditée
13	31/01/__	Variation de stock	Stock	Diminution du stock de marchandises suite à l'inventaire	400.-	400.-

Comptabilisation d'une augmentation de stock

Une augmentation de stock correspondra à un produit.

Exemple: le 31 janvier, suite à l'inventaire des stocks, nous constatons une augmentation de stock de 800.-

#	Date	Compte		Libellé	Somme	
		débité	crédité		débitée	créditée
13	31/12/__	Stock	Variation de stock	Augmentation du stock de marchandises suite à l'inventaire	800.-	800.-

Lors d'une diminution de stock, le prix de revient d'achat des marchandises vendues (PRAMV) se calcule en additionnant les achats effectués avec la diminution du stock. A l'opposé, pour une augmentation de stock, le PRAMV se calcule en soustrayant aux achats effectués l'augmentation de stock. Il s'agit alors, comme nous le verrons au chapitre suivant, d'une diminution des charges de premier degré pour l'entreprise.

Exercices interactifs sous http://ecol2.com/u/exocom1 ou exocom2.

142. COMPTE DE RÉSULTAT À DEUX DEGRÉS

A la fin du chapitre précédent, nous avons abordé la notion de prix de revient d'achat des marchandises vendues (PRAMV), à savoir combien nous coûtent l'achat des marchandises vendues. Cette information est importante ne serait-ce que pour fixer le prix de vente… Dans le compte de résultat 1er degré, on mettra toutes les charges (comptes 4000) et produits (comptes 3000) liés à l'activité commerciale de l'entreprise (déductions accordées, achats de marchandises, frais d'achat, variation de stock, vente de marchandises, déductions obtenues). ans le compte de résultat 2e degré, on mettra les autres charges (comptes 5000 et 6000) et éventuels produits (comptes 7000 et 8000) qui ne sont pas liés à la vente et à l'achat de marchandises (salaires, loyer, intérêts charges, intérêts-produits, ACE, électricité, etc.).

TABLEAU DE BORD DES VENTES

Le chiffre d'affaire net (CAN)

Le chiffre d'affaire net est le montant que l'entreprise a réellement ou va réellement encaisser suite à son activité. Il s'agit du chiffre d'affaire brut (CAB) auquel on retranche les Déductions accordées et les Pertes sur clients.

```
    +    Ventes de marchandises
    -    Déductions accordées
    -    Pertes sur clients
    -    Fret & Ports
    -    Commissions envers des tiers
    -    Frais d'encaissement
    ----------------------------------
         C A N
    ==================================
```

Le prix de revient des marchandises achetées (PRAMA)

Il s'agit du montant total que l'entreprise a dû débourser pour se procurer la marchandise destinée à la vente. Evidemment, la plus grosse dépense est représentée par le solde du compte Achat de marchandises mais il y a également les frais accessoires qui rentrent dans le calcul.

```
+    Achats de marchandises
+    Frais d'achat
-    Déductions obtenues
-------------------------------------
     P R A M A
=====================================
```

Le prix de revient des marchandises vendues (PRAMV)

Il s'agit du montant total que l'entreprise a dû débourser pour se procurer la marchandise qu'elle a effectivement vendue. Il y a une subtile nuance entre le PRAMV et le PRAMA. En effet, le PRAMA prend en compte la dépense pour acheter toutes les marchandises (y compris celle qui seront stockées). Alors que le PRAMV ne comptabilise que la dépense liée aux marchandises qui ont réellement été vendues. Pour trouver le PRAMV il suffit donc de prendre le PRAMA et de le corriger de la variation de stock.

```
+    P R A M A
+    Augmentation de stock
-    Diminution de stock
-------------------------------------
     P R A M V
=====================================
```

Calcul de la marge brute

```
+    C A N
-    P R A M V
-------------------------------------
     M B (marge brute)
=====================================
```

PERTES SUR CRÉANCES

Il arrive parfois que certains débiteurs ne remboursent pas les créances qu'ils doivent. Ceci peut arriver lorsque, par exemple, ils font faillite. Dans ce cas, il faut considérer la créance comme perdue et comptabiliser une Perte sur créances. Les pertes sur créances sont au 1er degré car elles sont directement liées à l'activité commerciale.

PRESTATIONS À SOI-MÊME

Le compte 3700 Prestations à soi-même est un compte dans lequel on peut enregistrer les prélèvements de marchandises effectués par le propriétaire de l'entreprise. Il s'agit en réalité d'une vente effectuée par l'entreprise au patron. Elles viennent donc augmenter le CAN de l'entreprise.

CLÔTURE DU COMPTE DE RÉSULTAT À DEUX DEGRÉS

CHARGES	COMPTE DE RESULTAT À DEUX DEGRÉS EN CHF AU 31 DÉCEMBRE 20__	PRODUITS
3800 Déductions accordées		3200 Ventes de marchandises
3820 Pertes sur créances		3900 Variation de stock (augmentation)
3840 Frets et ports		
4200 Achats de marchandises		4800 Déductions obtenues
4230 Frais d'achat		
4900 Variation de stock (diminution)		
Marge brute / bénéfice brut		Marge brute / perte brute
Total		Total
Marge brute / perte brute		Marge brute / bénéfice brut
5000 Salaires et charges sociales		7400 Intérêts-produit
6000 Loyers et charges de locaux		8200 Résultat exceptionnel
6500 Charges d'administration		
6700 Autres charges d'exploitations (ACE)		
6900 Amortissements		
7410 Intérêts-charges		
8900 Impôts		

La suite de la clôture se déroule exactement de la même manière que celle présentée dans le volume traitant des clôtures. Le résultat est viré au compte privé puis on détermine la variation de fortune. Cette variation de fortune sera virée au compte Capital, puis on dresse le bilan final. La démarche est illustrée par la vidéo disponible sous http://ecol2.com/u/cdcr.

143. DÉTERMINER LES PRIX DE VENTE

Fixer les prix de vente est une action centrale pour toute les entreprises. Il faut tenir compte de ses coûts d'approvisionnement en marchandises et ses frais de fonctionnement, mais également des marges qu'elle souhaite réaliser; marges qui influenceront de manière prépondérante les bénéfices futurs.

Prix de vente brut		PVB	276.30
./.	Frais directs de vente facturés aux clients	@ 5% du PVB	13.80
./.	Déductions accordées aux clients (escompte, rabais, remises, ...)	(estimation)	
=	Prix de vente net	PVN	262.50
./.	Bénéfice net, objectif par rapport au PVN	@ 20% x PVN	52.50
=	Prix de revient	PR	210.--
./.	Autres charges d'exploitation, fonction du PR (frais généraux, ...)	@ 60% du PR	126.--
=	Prix de revient d'achat	PRA / PRAMA	84.--
./.	Frais directs d'achat, souvent fonction du PAB (frais de transport, douane, ...)	@ 10% x PAB	8.--
=	Prix d'achat net		76.--
+	Déductions obtenues des fournisseurs (rabais, remises, escomptes, ...)	@ 5% x PAB	4.--
Prix d'achat brut		PAB	80.--

A noter que le prix de vente brut (ou le prix d'achat brut) représente le prix "catalogue" ou le prix "affiché"; le prix d'achat net est le montant effectivement payé au fournisseur pour la marchandise achetée; le prix de revient d'achat représente le coût de la marchandise achetée et livrée; le prix de revient représente le coût de la marchandise, toutes charges comprises, y compris les frais généraux tels que salaires, publicité, etc. et enfin le prix de vente net est le montant effectivement encaissé pour la vente de la marchandise. Toutes ces informations sont habituellement regroupées dans un tableau de bord des ventes.

Cette même échelle de prix peut se dessiner de la manière suivante:

```
      ACHAT                    INTERNE                    VENTE
   PAB (TTC)               PRA (TTC)                  PRA (TTC)
%  Rabais (TTC)          %  TVA                     +  Escomptes (TTC)
-----------------------   -----------             --------------------
   PAC (TTC)               PRA (HT)                   PVC (TTC)
%  Escomptes (TTC)       +  BB (HT)                 %  Rabais (TTC)
-----------------------   -----------             --------------------
   PAN (TTC)               PVN (HT)                   PVB (TTC)
+  Frais d'achat (TTC)   +  TVA
-----------------------   -----------
   PRA (TTC)               PVN (TTC)
```

144. PROVISION ET PERTES SUR CRÉANCES

Les ventes à crédit enregistrées dans le compte Créances clients, compte collectif, peuvent entraîner des pertes, lorsqu'un client est devenu totalement ou partiellement insolvable. Du point de vue comptable, il est possible de faire supporter par "anticipation" la perte sur un ou plusieurs exercices en constituant une "Provision" avant la réalisation de la perte effective. On doit alors créer une provision en ouvrant un compte Provision pour pertes sur créances (Ducroire).

Le principe de la "Provision" est utilisable par analogie pour la constitution d'autres provisions. Exemple: provision pour pertes de changes, provision pour litiges, provision pour réparations d'immeuble, etc.

Bien que leurs soldes soient normalement au crédit, les comptes 1120 Créances douteuses et 1130 Provision sont des compte d'actif. Dans la perspective, en particulier, du bilan analytique, on portera ces comptes en avant-colonne des Créances et Notes de crédit reçues:

```
Créances clients et notes de crédit
% Créances douteuses
% Provision
```

FRAIS DE POURSUITES

Les frais de poursuites sont avancés par l'entreprise qui entreprend les poursuites et sont ajoutés au montant dû par le client. Si le client redevient solvable, ils seront remboursés par le client et dans le cas contraire, ils s'ajouteront à la perte subie. L'écriture comptable sera: 1100 Créances clients ou Créances douteuses à Liquidités

Les taux appliqués sur les provisions sont donnés par l'autorité fiscale, afin d'éviter que les bénéfices soient réduits de manière artificielle en constituant de trop grosses provisions et de ce fait payer moins d'impôts.
- Une provision égale à 5% des créances clients suisses
- Une provision égale à 10% des clients étrangers (factures libellées en monnaie de référence) + 5% pour les factures libellées en monnaies étrangères.

RÉÉVALUATION DES PROVISIONS ET ENREGISTREMENT DE LA PERTE

Les provisions doivent être adaptées à la fin de chaque exercice comptable, en fonction du risque existant, de l'importance et de la qualité des clients.

Pertes sans compte de Provision

Enregistrer les clients douteux et les pertes sur clients, y compris les frais de poursuites à l'aide du compte de charges Créances douteuses à Créances clients; puis 3820 Pertes s/créances à Créances douteuses. Dans le cas de récupération d'une créance amortie ou de la vente d'un acte de défaut de biens à une entreprise tierce, l'écriture sera: Banque à Pertes s/créances ou si la perte concerne un exercice précédent, Banque à Produit exceptionnel.

Pertes en utilisant le Ducroire

Plusieurs cas peuvent se présenter:

1. **Création d'une provision** ou augmentation de la provision en passant l'écriture
   Pertes sur créances à Ducroire

2. **Transfert d'une créance** client au compte Créances douteuses
   Créances douteuses à Créances clients

3. **Enregistrement d'une perte** sur créances, y compris frais de poursuites
   Pertes sur créances à Créances clients

4. Utilisation d'une provision pour **amortir la perte** sur plusieurs exercices
   Ducroire à Pertes s/créances

5. **Ajustement de la provision** lors de la clôture des comptes
   En cas d'augmentation, voire point 1, en cas de diminution, on passera l'écriture
   Ducroire à Pertes s/créances

15. TAXE SUR LA VALEUR AJOUTÉE

151. GÉNÉRALITÉS

Il existe deux type d'impôts: i) les impôts **directs**, prélevés sur le revenu et la fortune des personnes physiques et morales, versés directement au fisc cantonal et fédéral; ii) les impôts **indirects**, payés par le consommateur à l'achat et pour lequel le fournisseur est chargé de prélever l'impôt.

Il existe différents taux de TVA selon les prestations taxées, le taux à:

8.0% : majorité des prestations.

2.5% : produits de première nécessité (aliments, boissons, médicaments, journaux). A noter que les restaurants, cafés et bars, bien que servant des biens de première nécessité facturent la TVA à 8%. En effet, on considère que le besoin d'aller au restaurant ne représente pas une nécessité.

3.8% : nuitées dans le secteur de l'hébergement ainsi que les petits-déjeuners associés.

QUI DOIT PAYER LA TVA ?

Il existe quatre catégories de personnes aux yeux de l'Administration Fédérale des Contribution (AFC), les personnes :

Assujetties

Cette catégorie comprend les personnes qui doivent facturer la TVA et la reverser à l'AFC. Elle comprend toute personne qui exerce de manière indépendante une activité commerciale et dépasse des recettes annuelles supérieures à 100'000.- ou qui acquiert au cours d'une année pour plus de 10'000.- de prestations d'entreprises ayant leur siège à l'étranger.

Non assujetties

Certaines personnes bien que remplissant les conditions d'assujettissement ne sont pas soumis à la TVA, il s'agit: des horticulteurs, sylviculteurs, les marchands de bétail et des centres collecteurs de lait. N'étant pas assujetties, cette catégorie ne peut pas déduire l'impôt préalable.

Exclues

Certaines activités ou prestations ne sont pas soumises à la TVA, notamment l'envoi de lettres de moins de 1kg, les soins médicaux, les prestations sociales et culturelles, les prestations de formation et enseignement, les opérations d'assurances et sur le marché monétaire, la vente d'immeubles, les jeux de hasard et d'argent soumis à un impôt spécial, la livraison de timbres. Les activités exclues de la TVA n'ont pas droit à la déduction de l'impôt préalable.

Exonérés

Certaines opérations réalisées avec l'étranger ne sont pas soumise à la TVA afin de rendre l'économie suisse la plus attractive possible, en particulier: les exportations de biens, les prestations de transports trans-frontaliers, les services fournis à des personnes dont le siège social ou le domicile est à l'étranger.

PRÉLÈVEMENT DE LA TVA PAR L'AFC

Dans le prélèvement de la TVA par l'AFC, les entreprises ont un rôle déterminant. En effet, il s'agit d'une taxe payée par les consommateurs qui est prélevée par les entreprises pour être ensuite versée par ces dernières à l'AFC. Les entreprises servent donc d'intermédiaire entre les consommateurs et l'AFC.

Cependant, les entreprises ne doivent pas payer la TVA sur leurs achats. Elles vont donc pouvoir récupérer auprès de l'AFC tous les montants de TVA qu'elles ont payées. Voici un schéma qui résume les flux financiers générés par des achats et ventes de marchandises soumises à la TVA.

1. La TVA est ajoutée par les entreprises assujetties aux prix de vente
2. Les clients payent le prix (HT ou hors taxes) des marchandises ou des services, plus la TVA (TTC ou toutes taxes comprises)
3. L'entreprise reçoit un montant d'argent correspondant au prix HT, plus la TVA
4. L'entreprise reverse alors de manière régulière à l'Etat la différence entre la taxe perçue et celle payée.

152. CALCULS

La base pour les calculs liés à la TVA est de bien comprendre les pourcentages que représentent les différents montants (montant HT, montant de TVA, montant TTC). Voici la correspondance entre montant et pourcentage :

	TVA à 8%	TVA à 3.8%	TVA à 2.5%
Montant HT	100.00	100.00	100.00
TVA	8.00	3.80	2.50
Montant TTC	108.00	103.80	102.50

AJOUT DE LA TVA À UN PRIX HORS TAXE (HT)

Lorsque l'on connait le prix HT d'un bien et le taux de TVA appliqué, on peut aisément déterminer le montant de TVA et le prix TTC à l'aide de la règle de trois.

Exemple de détermination du montant de TVA

Pour cet exemple, prenons l'achat d'un bien au prix HT de 100.- soumis à une TVA à 8% et déterminons le montant de TVA à payer.

```
100.-   =>   100%
  x     =>     8%
  x    = 8 * 100 / 100 = 8.-
```

Le montant de TVA facturé sera de 8.-

Exemple de détermination du montant TTC

Pour cet exemple, prenons l'achat d'un bien au prix HT de 200.- soumis à une TVA à 8% et déterminons le montant TTC à payer.

```
200.-   =>   100%
  x     =>   108%
  x    = 108 * 200 / 100 = 216.-
```

Le montant TTC facturé sera de 216.-

EXTRACTION DE LA TVA D'UN PRIX HORS TAXE (TTC)

Lorsque l'on connait le prix TTC d'un bien et le taux de TVA appliqué, on peut aisément déterminer le montant de TVA et le prix HT à l'aide de la règle de trois.

Exemple de détermination du montant de TVA

Pour cet exemple, prenons l'achat d'un bien au prix TTC de 324.- soumis à une TVA à 8% et déterminons le montant de TVA payé.

```
324.-   =>    108%
  x     =>      8%
  x   = 8 * 324 / 100 = 24.-
```

Le montant de TVA payé est de 24.-

Exemple de détermination du montant TTC

Pour cet exemple, prenons l'achat d'un bien au prix TTC de 432.- soumis à une TVA à 8% et déterminons le montant HT payé.

```
432.-   =>    108%
  x     =>    100%
  x   = 432 * 100 / 108 = 400.-
```

Le montant HT payé est de 400.-

153. COMPTABILISATION

Comptabiliser la TVA dans une entreprise n'est pas chose aisée. En effet, il faut tenir compte de l'impôt préalable (TVA payée que l'entreprise pourra déduire) et de la TVA payée par le client que l'entreprise devra reverser à l'Administration Fédérale des Contribution (AFC).

Il y a 4 grandes étapes dans la comptabilisation de la TVA :

1. L'achat de marchandises soumises
2. La vente de marchandises soumises
3. Le bouclement périodique
4. Le paiement du montant du à l'AFC

Il existe deux manières de comptabiliser la TVA : la méthode au brut et au net. Dans la méthode au brut, la TVA n'est prise en compte que lors du bouclement. Dans la méthode au net elle est prise en compte à toutes les étapes de la comptabilisation.

CAS PRATIQUE AVEC UNE TVA À 8%

Fabricant	Distributeur	Client	
	2'000.-	5'400.-	Achat HT
	160.-	Le client final achète le produit ou le service au distributeur y compris l'ensemble de la TVA. Il ne verse cependant rien à l'AFC directement.	TVA sur l'achat (à récupérer)
2'000.-	5'000.-		Vente HT
160.-	400.-		TVA sur la vente (à payer)
160.-	240.- = (400 - 160)		Versement à l'AFC

Ce tableau illustre la **notion de valeur ajoutée**: la richesse créée par chaque entreprise. La TVA s'applique précisément à cette valeur ajoutée. Ainsi, le fabricant / fournisseur, qui élabore le produit, crée 2'000.- de valeur et reversera à l'Etat 8% de la valeur créée (soit 160.-). Le distributeur ajoute ensuite 3'000.- de valeur au produit et reverse à l'Etat 240.- de TVA. La TVA de 400.- est in fine entièrement supportée par le consommateur final qui payera, en fin de compte, la totalité de la taxe afférente au produit qu'il achète.

154. LA TVA AU NET

ACHAT ET LA VENTE DE MARCHANDISES

Contrairement à la méthode au brut, dans laquelle la TVA est comptabilisée uniquement en fin de période, dans la méthode au net la

TVA est enregistrée à chaque opération. Nous allons parcourir les différentes opérations avec comptabilisation de la TVA.

Achat de marchandises, d'un actif ou paiement d'une charge soumis à la TVA

Lors de l'achat de marchandises soumises à la TVA, nous allons devoir distinguer le prix de la marchandise de la TVA que nous payons. Le prix de la marchandise sera enregistré comme d'habitude dans le compte achat de marchandises alors que le montant de la TVA sera inscrit dans un compte d'impôt préalable. On utilisera le compte impôt préalable sur marchandises lors de l'achat de marchandises destinées à la vente et le compte impôt préalable sur investissement et ACE lors du paiement d'une charge ou de l'achat d'un actif. Etant donné qu'il s'agit d'une créance que l'on a envers l'AFC, les comptes d'impôts préalables sont des comptes actifs.

Nous achetons pour 2'160.- de marchandises à crédit, TVA de 8% inclue.

#	Date	Compte débité	Compte crédité	Libellé	Somme débitée	Somme créditée
14	15/2/__	ADM 8%	-	ADMà crédit (2'160 * 100 / **108**)	2'000.-	-
		IP /M	-	TVA à récupérer (2'160 * 8 / **108**)	160.-	-
		-	Fournisseurs	Dette envers le fournisseur F	-	2'160.-

Nous achetons pour 108.- d'encre d'imprimante au comptant, TVA de 8% inclue.

#	Date	Compte		Libellé	Somme	
		débité	crédité		débitée	créditée
15	15/2/__	Frais d'admi-nistration	-	Achat d'encre au comptant	100.-	-
		IP /ACE	-	TVA à récupérer	8.-	-
		-	Caisse	Paiement au comptant	-	108.-

Vente de marchandises

Lors de la vente de marchandises soumises à la TVA, nous allons devoir distinguer le prix de la marchandise de la TVA que nous encaissons pour le compte de l'AFC. Le prix de la marchandise sera enregistré comme d'habitude dans le compte vente de marchandises alors que le montant de la TVA sera inscrit dans un compte nommé TVA due. Etant donné qu'il s'agit d'une dette que nous avons envers l'AFC, le compte TVA due est un passif.

Nous vendons pour 3'240.- de marchandises à crédit, TVA de 8% inclue.

#	Date	Compte		Libellé	Somme	
		débité	crédité		débitée	créditée
16	21/2/__	Clients	-	Créance client	3'240.-	-
		-	TVA due	TVA due (3'240 * 8 /108)	-	240.-
		-	VDM	Vente marchandises (3'240 * 100 / 108)	-	3'000.-

DÉDUCTIONS

Déductions obtenues

Lorsque l'on obtient une déduction de la part d'un fournisseur, le montant total de la facture diminue. Mais avec la diminution de ce montant brut, il y a également une diminution du montant de TVA. L'impôt préalable devra donc être réduit en conséquence.

Si nous reprenons l'exemple présenté au point 2 et que nous imaginons que le fournisseur nous accorde un escompte de 5% sur le prix HT, voici ce que cela signifie du point de vue de la TVA.

	taux	Montants	
	%	Avant déduction	Après déduction
Rabais		0%	5%
Montant HT	100.00	2'000.-	1'900.-
TVA	8.00	160.-	152.-
Montant TTC	108.00	2'160.-	2'052.-

On constate que le montant passé dans le compte Impôt préalable sur marchandises est erroné par rapport à la réalité. On a, en effet, surestimé la TVA de 8.-. Nous allons donc devoir corriger ce montant en diminuant le compte Impôt préalable sur marchandises de 8.- au moment ou nous bénéficions de l'escompte.

La réduction du montant de TVA correspond à la réduction du montant HT. On peut donc simplement prendre le 5% du montant de TVA avant rabais.

Suite de l'exemple présenté plus haut, nous payons notre facture au comptant en bénéficiant d'un rabais de 5%

#	Date	Compte débité	Compte crédité	Libellé	Somme débitée	Somme créditée
17	22/2/__	Fournis-seurs	-	N/ payement de la dette auprès du four-nisseur alpha	2'160.-	-
		-	DOA	Déduction obtenue sur le montant HT (2'000 * 5 / 100)	-	100.-
		-	IP	Réduction de l'impôt préalable (160 * 5 / 100)	-	8.-
		-	Caisse	Paiement au comptant (2'160 * 95 / 100)	-	2'052.-

Déductions accordées

De façon similaire aux déductions obtenues, lorsque l'on accorde un escompte à un client, cela vient diminuer la TVA que nous lui facturons. Il s'agira donc de diminuer le compte TVA due du montant correspondant à la réduction de la TVA facturée.

Si nous reprenons l'exemple présenté plus haut et que nous imaginons que nous accordons un escompte de 10% sur le prix HT à notre client, voici ce que cela signifie du point de vue de la TVA.

	taux %	Montants Avant déduction	Montants Après déduction
Rabais	0%		10%
Montant HT	100.00	3'000.-	2'700.-
TVA	8.00	240.-	216.-
Montant TTC	108.00	3'240.-	2'916.-

Le montant de TVA due a donc été surestimé de 24.- (240 - 216). Lors du paiement du client, il s'agira donc d'en tenir compte.

Suite de l'exemple présenté plus haut, le client nous paye la facture par virement bancaire en bénéficiant d'un rabais de 10%.

#	Date	Compte débité	Compte crédité	Libellé	Somme débitée	Somme créditée
18	3/3/__	Banque	-	Paiement par virement bancaire (3'240 * 90 / 100)	2'916.-	-
		DAV	-	Déduction accordée sur le montant HT (3'000 * 10 / 100)	300.-	-
		TVA due	-	Réduction de l'impôt préalable (240 * 10 / 100)	24.-	-
		-	Créances	Remboursement de la créance client	-	3'240.-

Exercices interactifs sous http://ecol2.com/u/exotva1, exotva2 ou exotva3.

BOUCLEMENT DES COMPTES

Périodiquement, l'entreprise va devoir déterminer le montant qu'elle doit à l'AFC. Comme nous l'avons vu précédemment, la TVA due vient augmenter notre dette envers l'AFC alors que l'impôt préalable vient la diminuer. Nous allons utiliser le compte passif Dette AFC pour récapituler le montant dû. Il s'agira de virer les soldes des comptes Impôt préalable sur marchandises et Impôt préalable sur ACE au compte "TVA due". Puis nous allons virer le solde du compte TVA due au compte "Dette AFC". Nous allons utiliser toutes les écritures passées dans ce chapitre pour illustrer cette clôture (voir les six écritures passées plus haut).

Le plus simple pour comprendre le processus de virement des soldes est de travailler sur le grand-livre. Nous allons donc ouvrir au grand-livre les comptes de TVA et reporter les écritures passées au journal. Nous allons, dans une première étape, virer les soldes des comptes d'impôt préalables au compte "TVA due". Puis nous allons virer le solde du compte "TVA due" au compte "dette AFC".

D+ 1170 IMPÔT PRÉALABLE /M C-		D+ 1171 IMPÔT PRÉALABLE /ACE C-	
1) 160.-	8.- (5	2) 8.-	8.-Sf (ipa)
	152.-Sf (ipm)		
160.-	**160.-**	**8.-**	**8.-**

D- 2200 TVA DUE C+		D- DETTES AFC C+	
6) 24.-	240.- (3		72.-(9 Sf (tva)
7) Sf (ipm) 152.-	16.- (4		
8) Sf (ipa) 152.-			
Sf (tva due) 72.-			
256.-	**256.-**	**72.-**	**72.-**

Evidemment, les écritures de clôtures (Sf) doivent se passer au journal… ce qui s'effectue en reprenant les montants spécifiés ci-dessus.

#	Date	Compte		Libellé	Somme	
		débité	crédité		débitée	créditée
19	30/3/__	TVA due	IP /M	Virement du solde du compte IP s/ march. Au compte TVA due	152.-	152.-
		TVA due	IP /ACE	Virement du solde du compte IP s/ march. Au compte TVA due	8.-	8.-
		TVA due	Dette AFC	Virement du solde du compte TVA due au compte dette AFC	72.-	72.-

Paiement à l'Administration Fiscale

Finalement, l'entreprise effectue le paiement du solde de la dette AFC. Ce paiement sera effectué par un compte de liquidité (caisse, poste, banque). L'écriture sera alors simplement la suivante :

#	Date	Compte		Libellé	Somme	
		débité	crédité		débitée	créditée
20	31/3/__	Dette AFC	Banque	Paiement de la dette auprès de l'AFC par virement bancaire	72.-	72.-

RÉVISION ET CAS PRATIQUES

Vrai/faux

Les ménages, les entreprises et les banques sont les seuls agents économiques représentés dans le circuit économique.

F/L'Etat est également un agent économique

La fonction commerciale d'une entreprise a pour but d'organiser la communication et l'échange entre l'entreprise et le public auquel elle s'adresse.

F/Il s'agit de la fonction marketing ou communication ou ok si définition de la fonction commerciale

Le secteur secondaire comprend toutes les entreprises qui exploitent des ressources naturelles.

F/Il s'agit du secteur primaire ou ok si définition secteur secondaire

Les dettes de l'entreprise correspondent à des fonds étrangers.

V

Afin de se faire une place sur le marché du transport aérien, la compagnie d'aviation EASYJET a choisi, en matière de prix, une stratégie d'écrémage.

F/Stratégie de pénétration

Le Marketing opérationnel consiste à récolter des informations sur les concurrents qui existent sur le marché.

F/Combiner ensemble les stratégies de Prix, produit, distribution et communication (les 4 P)

Un soda acheté à la Migros est taxé à 8% (taux TVA)

V

Sur une facture d'hôtel, on sépare le prix de la chambre (taxée à 3.8%) et le petit-déjeuner (taxé à 2.5%)

F/L'ensemble est taxé à 3.8%

QCM

L'espérance de vie augmente: une entreprise décide alors de lancer une gamme de service pour personnes âgées. C'est une décision relative au secteur...

      Politico-légal

      Economique

V   Socio-culturel

      Technologique

Qu'est-ce qu'une entreprise citoyenne ?

      Une entreprise créée par des citoyens

      Une entreprise publique, gérée par l'Etat pour l'intérêt des citoyens

      Une entreprise qui cherche à faire du profit tout en payant correctement ses producteurs du Sud (pays en sous-développement).

V   Une entreprise qui porte beaucoup d'intérêt au niveau social et écologique (conditions des employés et respect de l'environnement).

Les TPG (Transports Publics Genevois) sont une entreprise

V   publique

      mixte

      privée

      du secteur primaire

      du secteur secondaire

V   du secteur tertiaire

Quelles conséquences pourraient avoir une entreprise qui ne respecte plus ses valeurs éthiques en matière d'environnement social et écologique ?

V   Une mauvaise image

V   Une baisse des ventes

      Une augmentation des ventes

V   Un procès et des dommages et intérêts à payer

      Aucune conséquence

CALCULS

N1

Pendant combien de temps a-t-on placé 110'000.- au taux de 1¾ % si on a retiré hier, 110'614.95 (capital et intérêt compris)?

```
Intérêts = Capital f - i = 110'614,95 - 110'000 = 614,95
n = (i x 360 x 100) / (C x t)
  = (614,95 x 360 x 100) / (110'000 x 1,75) = 22'138'200 / 192'500
  = 115 jours
```

Votre patron s'est rendu à Detroit (USA) pour un voyage d'affaires. Il a réglé une partie de ses dépenses sur place avec sa carte de crédit professionnelle, soit USD 1'750.-. A son retour les dépenses effectuées avec la carte de crédit lui sont facturées CHF 1556.60. Il a également dépensé les USD 250.- qu'il avait achetés, le 28 mai dernier, dans un guichet d'une banque cantonale.

Calculer le cours appliqué par la société émettrice de la carte de crédit

```
USD 1'750 = 1556.60
USD    1 =    x   -> x = 1556.60 / 1'750 = 0.8895
```

A combien s'est élevé le total de ses dépenses en ?

```
cours billets, la banque lui vend des USD à 0.8827
 USD   1 = 0.8827
 USD 250 = x      -> x = 250 x 0.8827 = 220.70
Total des dépenses CHF = 1556.60 + 220.70 = 1'777.30
```

Quel est le capital qui, placé du 4 mars au 31 août à un taux de 1¾ %, a rapporté un intérêt brut de 1'037.85?

```
c = (i x 100 x 360) / (t x n) où i = 1'037.85
                                t = 1.75
                                n = 176 jours (26+5x30)
c = (1'037.85 x 100 x 360) / (1.75 x 176) = 121'307.15
```

Quel sera alors l'intérêt net reçu par le propriétaire du capital si l'administration fiscale prélève un impôt anticipé de 35%?

```
Intérêts net = 65% intérêts bruts = 1037.85*65% = 674.60
```

N2

Un grossiste d'électroménagers achète des robots ménagers au prix d'achat brut de 300 pièce. Le fournisseur lui accorde une remise de 16⅔ % et un escompte de 5 % s'il paie dans les 10 jours. Les frais d'achat du commerçant se montent à 10.50 par robot. Quel est le montant de la facture du fournisseur pour un robot?

```
300 - (300*16.67%) = 250.-
```

Quel est le prix unitaire (pour un robot) payé par le grossiste au fournisseur si la facture est réglée immédiatement ?

```
250 - (250*5%) = 237.50
```

Quel est le prix de revient d'achat du robot si la facture est réglée immédiatement ?

```
237.50 + 10.50 = 248.-
```

Madame Acacias se rend à Lisbonne (Portugal) pour assister au match de son équipe de football favorite. A son départ de Genève, elle achète à la banque 300.- euros. Sur place, elle dépense une grande partie de ses euros et paie l'entrée du stade de la Luz avec sa carte de crédit pour un montant 40.- euros. A son retour à Genève, les cours de l'euro n'ont pas changé. Elle change les 30 euros qui lui restent. Combien a-t-elle dépensé de lors de son séjour?

```
A Genève :     1 euro  = 1.3686
            300 euros = x     -> x = 300*1.3686 = 410.60

A Lisbonne :  1 euro  = 1.3552
             40 euros = x     -> x = 40*1.3552 = 54.20

Retour :  1 euro = 1.3083
         30 euros= x      -> x = 30*1.3083 = 39.25

Total = 410.60 + 54.20 - 39.25 = 425.55
```

Une personne place 40'000.- pendant 4 mois, dans une banque. Elle reçoit, après déduction de l'impôt anticipé de 35 %, un intérêt net de 390.-. Quel est le taux d'intérêt appliqué par cette banque?

```
390 / 65 x 100 = 600 (intérêt brut)
Taux : 600x 36'000 / 120 x 40'000 = 4.5%
```

N3

Le 20 mars, une entreprise a payé, en retard, une dette de 2'125.- à un fournisseur. L'entreprise a dû s'acquitter d'un montant de 2'132.35, intérêt compris au taux de 6.25%. Calculez le nombre de jours de retard.

Différence d'intérêt = 2'132.35 - 2'125 = 7.35

N = (7.35 x 36000) / (2'125 x 6.25) = 19.92 arrondi à 20 jours

A quelle date au plus tard aurait-elle dû régler cette dette pour ne pas devoir payer d'intérêts?

28 février 2013

Une personne a placé 360'000.- sur un compte (à terme) qui lui a rapporté 3'150.- d'intérêts créanciers bruts. Quelle a été la durée du placement si la banque a bonifié à cette personne un intérêt de 1¾ %?

N = (3'150 x 100 x 360) / (360'000 x 1.75) = **180 jours**

JOURNAL

Vendons des marchandises à crédit pour 23'700.- au client S

Créances clients à Ventes marchandises (n/vente) pour 23'700.-

Payons par virement bancaire 150'000.- pour des factures, déjà comptabilisées, relatives à des achats de marchandises. Le montant total facturé était de 156'800.-; la différence représente un escompte accordé.

Dettes fournisseurs à - (n/ règlement fournisseurs) pour 156'800.-

- à Déductions obtenues (déduction obt. 156'800-150'000) pour 6'800.-

- à Banque (n/ virement bancaire) pour 150'000.-

Avons payé, par virement postal, les frais sur les marchandises achetées pour 1'100.-. Le comptable a passé l'écriture suivante; rectifier s'il y a lieu.

Poste à Frais d'administration (extourne) pour 1'100.-

Frais d'achat à Poste (n/ règlement Fi frais d'achat) pour 1'100.-

Le client S retourne des marchandises non conformes (voir opération 1); note de crédit de 2'200.-.

Ventes march. à Créances clients (n/ note de crédit) pour 2'200.-

Recevons et payons par banque la facture concernant les emballages destinés à protéger les marchandises que nous livrons à nos clients, 7'450.-.

Frets et ports à Banque (n/ règlement F1 emballages) pour 7'450.-

Achetons des nouveaux ordinateurs pour une valeur de 15'000.-. Le revendeur reprend anciens ordinateurs pour 2'000.-. Le solde est payable à 30 jours.

Informatiques à - (n/ achat ordinateurs) pour 15'000.-

- à Informatiques (reprise anciens ordinateurs) pour 2'000.-

- à Autres dettes (solde dû au revendeur) pour 13'000.-

Le client S nous règle, par virement bancaire, sa facture (voir opérations 1 et 4) après avoir déduit un rabais de 5%.

Déductions accordées à - ((23'700-2'200) x 0,05) pour 1'075.-

Banque à - (21'500 - 1'075) pour 20'425.-

- à Créances clients (règlement S) pour 21'500.-

Payons par virement postal les salaires de nos employés, 25'000.-.

Salaires à Poste (n/ versement salaires) pour 25'000.-

Le propriétaire prélève pour 1'100.- de marchandises ainsi que 300.- dans la caisse pour son usage personnel.

```
Privé à - pour 1'400.-
- à Prestations à soi-même (prélèvement propriétaire) pour 1'100.-
- à Caisse (prélèvement propriétaire) pour 300.-
```

Clôture

Amortissons les véhicules de la société pour un montant de 10'350.-

```
Amortissements à Véhicules (amortissement) pour 10'350.-
```

Comptabilisons en faveur du propriétaire: 12'000.- de salaire et 3% d'intérêts sur son apport initial de 450'000.-

```
Salaires à - (salaire propriétaire) pour 12'000.-
Intérêts-charges à -(450'000 x 0,03) pour 13'500.-
- à Privé pour 25'500.-
```

Comptabilisons variation de stock (stock initial 90'000.- / stock final 93'500.-) et 1'250.- d'intérêts bancaires en notre faveur.

```
Stock marchandises à VS (93'500-90'000) pour 3'500.-
Banque à Intérêts-produits (intérêts en n/ faveur) pour 1'250.-
```

Balance de vérification

En tenant compte de la balance de vérification ci-dessous, établir le compte de résultat à 2 degrés ainsi que les comptes Privé et Capital.

Balance de vérification du 31.12.20__ (CHF'000)

	Débit	Crédit
ACE	23	
Amortissements	350	
Autres dettes		18
Banque c/c	523	
Banque (dette)		3'000
Caisse	10	
Capital		11'845
Créances clients	8'330	
Déductions accordées	610	
Déductions obtenues		125
Dettes fournisseurs		4'900
Frais d'achat	350	
Frais d'administration	390	
Frets et ports	450	

Frais d'informatique	100	
Hypothèque		12'000
Immeuble	20'151	
Informatiques	444	
Intérêts-charges	41	
Intérêts-produits		3
Loyer	1'600	
Marchandises-Achats	35'450	
Marchandises-Stock	863	
Marchandises-Ventes		45'390
Mobilier	1'200	
Poste	1'755	
Prestations à soi-même		59
Privé	2'950	
Salaires	7'400	
Variation de stock		120
Véhicules	4'470	
Totaux	87'460	87'460

Compte de résultat à 2 degrés au 31.12.20__

Frets et ports	450	Ventes marchandises	45'390
Déductions accordées	610	Prestations à soi-même	59
Achats marchandises	35'450	Déductions obtenues	125
Frais d'achat	350	Augmentation de stock	120
Marge Brute	8'834		
Total	45'694		45'694
Salaires	7'400	Marge Brute	8'834
Loyer	1'600	Intérêts-produits	3
ACE	23	Perte nette	1'067
Amortissements	350		
Frais d'administration	390		
Frais d'informatique	100		
Intérêts-charges	41		
	-------		-------
Total	9'904	Total	9'904
	========		========

VF du compte privé = 4'017 (2'950 + 1'067)

Capital = 7'798 (11'845 - 4'017)

SCHÉMA DES PRIX

Compléter le tableau suivant :

Prix d'achat net (PAN)	840.--		100%
Frais d'achat 6 % du PAN	50.40		6%
Prix de revient d'achat (PRA)	890.40	106 %	100%
Marge brute 30 % du PRA	267.10		30%
Prix de vente net (PVN)	1'157.50	130 %	95%
Escompte 5 % du PVB	60.90		5%
Prix de vente brut (PVB)	1'218.40		100%

ACTES DE DÉFAUT DE BIENS

Voici les opérations relatives au client E.

1. 11.08.N-2   Nous vendons à E pour 18'000.- de marchandises, payables à 90 jours, 2% d'escompte à 10 jours.

2. 14.11.N-2   Le patron d'E nous informe que son entreprise ne peut plus honorer ses créances. Nous le considérons comme douteux.

3. 30.12.N-2   Créons une provision sur nos créances commerciales correspondant au montant total de la facture adressée à E.

4. 26.01.N-1   Nous décidons d'entamer des poursuites contre E. Payons à l'Office des Poursuites 75.- par la poste à titre d'avance de frais.

5. 08.06.N-1   Malgré les poursuites entreprises contre E, cette dernière nous paie que 12'000 par virement postal. Recevons un acte de défaut de biens pour le solde.

6. 09.06.N-1   Nous utilisons la provision à notre disposition pour amortir la perte qu'E nous fait subir.

7. 15.01.N   Après la clôture des comptes au 31.12.N-1, nous recevons de la part d'E, revenue à meilleure fortune, le paiement du solde sur notre compte postal.

1	CRC	M-Vente	n/vte à crédit	18'000	18'000
2	Cl.douteux	Créances Cl.	E devenue douteux	18'000	18'000
3	Perte s/cl.	Prov. Perte s/cl.	Création de la provision	18'000	18'000
4	Cl.douteux	Poste	n/pt avance de frais	75	75
5	Poste	–	s/pt	12'000	–
	Perte s/cl.	–	ADB 18'075-12'000	6'075	–
	–	Cl. douteux	s/règlement	–	18'075
6	Prov Perte s/cl.	Perte s/cl.	Utilisation provision	6'075	6'075
7	Poste	Produits Ex.	s/pt	6'075	6'075

TVA

Durant le premier trimestre l'entreprise A0 effectue les trois opérations suivantes:

17 janvier : Facture relative à un achat de marchandises 151'200.- (+TVA 8%)

19 février : Facture relative à une vente de marchandises 210'000.- (+TVA 8%)

9 mars : Facture relative à l'achat d'une machine 32'400.- (+TVA 8%)

Passer les écritures du 1er trimestre.

17. 01	Achats marchandises	Dettes fournisseurs	n/ achats (151'200 x 1.08)	163'296	163'296
19. 02	Créances clients	Ventes marchandises	n/ ventes (210'000 x 1.08)	226'800	226'800
09. 03	Machines	Autres dettes	n/ achat nouvelle machine (32'400 x 1.08)	34'992	34'992

En utilisant la méthode de comptabilisation de la TVA au brut, passer les écritures nécessaires pour extourner les impôts préalables et la TVA trimestrielle. Virer, ensuite, les comptes d'impôts préalables et effectuer le versement par un compte de liquidité.

31. 3	IP s/ marchandises	Achats marchandises	récupération (163'296 - 151'200)	12'096	12'096
31. 3	Ventes marchandises	TVA due	récupération (226'800 - 210'000)	16'800	16'800
31. 3	IP s/ ACE et investissements	Machines	récupération (34'992 - 32'400)	2'592	2'592
31. 3	TVA due	IP s/ marchandises	virement	12'096	12'096
31. 3	TVA due	IP s/ ACE et investissements	virement	2'592	2'592
31. 3	TVA due	Dette AFC	solde dû à l'AFC (16'800-12'096-2'592)	2'112	2'112
31. 3	Dette AFC	Liquidités	n/ règlement par compte liquidités	2'112	2'112

CAS PRATIQUE: MATOS CUISINE

Vous êtes stagiaire au service de la comptabilité du magasin "Matos Cuisine". Vos clients sont principalement des cafetiers et des restaurateurs de la région. Le magasin est dirigé par son propriétaire JP. Il vous est demandé de:

- Journaliser diverses écritures
- Procéder à des calculs de changes et de prix
- Présenter les comptes de résultat à 2 degrés
- Passer les écritures de TVA

Notre fournisseur nous fait livrer 50 casseroles d'une valeur de 12.- pièce que nous mettrons en vente immédiatement. Conditions de paiement: 2 % d'escompte pour un paiement dans les 10 jours. La facture doit être comptabilisée.

Marchan-dises-Achat	Fournis-seurs	n/achat casseroles (50 * 12)	600	600

(suite écriture 1) 5 jours plus tard, payons la facture par virement bancaire. Payons aussi en espèces les frais liés à la livraison de 50.-.

Fournis-seurs	Déd. obte-nues	escompte obtenue (2%*600)	12	12
Fournis-seurs	Banque	n/paiement par virement ban-caire fact. F	588	588
Frais achats	Caisse	n/ règlement en espèces frais livraisons	50	50

Payons par virement bancaire diverses fournitures de bureau. Cette facture avait déjà été comptabilisée pour un montant de 200.-.

Autres dettes	Banque	n/règlement facture fourni-tures de bureau	200	200

Recevons un acte de défaut de bien pour notre client le café de la Croix Fédérale. Notre créance de 4'670.- est donc considérée comme perdue.

Pertes sur créances	Cr.clients / douteuses	AdB croix fédérale	4'670	4'670

Le restaurant R nous paie par virement postal 15'680.-. Après vérification, nous constatons qu'il a déduit les 2% d'escompte auquel il avait droit.

Poste	-	L/paiement facture	15'680	-
Déd. acc.	-	1568*2%/98%	320	-
-	Créances clients	règlement fact. no… Luso-Gallego.	-	16'000

Retournons plusieurs cartons d'ustensiles à notre fournisseur FE qui ne correspondaient pas à nos attentes. Ils avaient été comptabilisés pour 2'500.-

Fournis-seurs	Achats-marchandises	n/retour de marchandises fact. F	2500	2500

Payons, au comptant, le technicien informatique qui est venu assurer la maintenance de nos ordinateurs pour 138.-.

Frais informatique	Caisse	Pmt cash maintenance informatique	138	138

Malgré divers rappels notre client le café C ne nous paie pas notre facture de 1'287.-. Nous engageons des poursuites contre lui, payons par virement bancaire 180.-. à l'Office des poursuites comme avance de frais et considérons C comme douteux.

Créances clients	Banque	Frais de poursuite le Bavarois	180	180
Créances douteuses	Créances clients	1'287+180	1'467	1'467

Avis de crédit bancaire: intérêt net en notre faveur de 292.50. Tenir compte de l'impôt anticipé (35%).

	Intérêts produits	292.50*100/65	–	450
Banque	–	Intérêt net	292.50	–
Créance AFC	–	IA :292.50*35/65	157.50	–

Enregistrons un salaire de 80'000.- pour le propriétaire ainsi qu'un intérêt de 2% sur les capitaux propres investis dans l'entreprise qui s'élèvent à 120'000.-.

Salaires	–	Salaire du Gros	80'000	
Intérêts charges	–	2%*120'000	2'400	
–	Privé	Ecritures internes		82'400

Le compte Stock de Marchandises se présente de la manière suivante. Journaliser la variation de stock.

Stock de Marchandises

SAN	68'000		
		75'000	SPB

```
Stock de       Var. de     Augmentation de stock 75'000- 7'000  7'000
march.         Stock       68'000
```

Le patron JP, s'est rendu à Stockholm en Suède, en février pour participer à la foire annuelle FA qui a lieu tous les ans et qui est réservée aux professionnels du matériel de cuisine. JP aimerait savoir combien lui a coûté au total son séjour en Suède.

Avant de partir, il a changé, au guichet de la banque, 6'000 SEK. Cet argent a été en partie dépensé en frais divers (hôtel, taxi, …). Sur place, il a invité notre fournisseur FA au restaurant. Il a payé l'addition de SEK 1'875.- avec sa carte de crédit. En rentrant, il lui restait 450.- SEK qu'il est allé changer au guichet de la banque. Les cours n'ayant pas changés depuis son départ.

```
GVA:  100 SEK = 11.697

      6000 SEK =  X    -> X = 6000*11.697/100 = 701.82 = 701.80

Stockholm:  100 SEK = 11.339

           1875 SEK=   X    -> X = 11.339*1875/100 = 212.60

Retour GVA: 100 SEK = 10.657

           450 SEK =  X    -> X = 10.657*450/100 = 47.95


Total = 701.80 + 212.60 - 47.95 = 866.45
```

JP vous remercie de l'aider à résoudre le problème suivant (ne pas tenir compte de la TVA). Le prix de vente net (PVN) dans notre magasin d'un comptoir réfrigérant doit être de 2'910.- pour nos clients importants. Déterminer le prix catalogue (PVB) de cet article si les conditions de vente pour nos gros clients stipulent 20 % de rabais et 3 % d'escompte.

	CHF	%	%
PVN	2'910	97	
+escompte 3%	90	3	
PVC	3'000	100	80
+remise 20%	750		20
PVB	3'750		100

JP soumet à votre analyse les informations suivantes extraites de la comptabilité de l'entreprise.

```
Inventaire initial de marchandises              192'000.-
Achats de marchandise                           445'000.-
Ventes de marchandises                          988'580.-
Frets et ports (frais d'expédition à notre charge)  2'356.-
Frais d'achat                                     3'564.-
Inventaire final de marchandises                200'000.-
```

Calculer les valeurs suivantes:

Le Chiffre d'Affaire Net (CAN) :

```
CAN = Ventes - Frais d'expédition.
    = 988'580- 2'356 = 986'224
```

Le Prix de Revient des Marchandises Achetées (PRAMA):

```
PRAMA = Achats + Frais d'achat
      = 445'000 + 3'564 = 448'564
```

Le Prix de Revient des Marchandises Vendues (PRAMV):

```
PRAMV = PRAMA - augmentation de stock
      = 448'564 - 8'000 = 440'564
```

La Marge Brute (MB) :

```
MB = CAN -PRAMV = 986'224-440'564 = 545'660
```

Journaliser les opérations suivantes en appliquant la méthode de la TVA au net de 8 %.

Achat à crédit de matériel de cuisine destiné à la revente pour 50'000., TVA non-comprise.

Achat march.	Fournisseur	-	50'000	50'000
IP sur march.	Fournisseur	50'000*8%	4'000	4'000

Vente à crédit d'une cuisinière au café de l'Avenir pour 5'840.-, TVA comprise.

Créance client	-		5'840	
-	Vente march.	5840*100/108		5'407.40
-	TVA due	5'407.40*8%		432.60

TABLE DES MATIÈRES

www.ingramcontent.com/pod-product-compliance
Lightning Source LLC
Chambersburg PA
CBHW080643180526
45168CB00008B/3290

* 9 7 8 1 5 1 4 6 0 6 1 9 3 *